中国式现代化解码

《中国式现代化解码》编写组◎编

ZHONGGUOSHI

XIANDAIHUA JIEMA

图书在版编目（CIP）数据

中国式现代化解码 / 《中国式现代化解码》编写组编.
-- 北京：新华出版社, 2022.12（2025.2重印）
ISBN 978-7-5166-6638-8

Ⅰ.①中… Ⅱ.①中… Ⅲ.①现代化建设－研究－中国
Ⅳ.①D61

中国版本图书馆CIP数据核字（2022）第236593号

中国式现代化解码

编　　写：《中国式现代化解码》编写组

出 版 人：匡乐成　　**出版统筹**：许　新
责任编辑：赵怀志　许兼畅　　**封面设计**：刘宝龙

出版发行：新华出版社
地　　址：北京石景山区京原路8号　　**邮　　编**：100040
网　　址：http://www.xinhuapub.com
经　　销：新华书店、新华出版社天猫旗舰店、京东旗舰店及各大网店
购书热线：010－63077122　　**中国新闻书店购书热线**：010－63072012

照　　排：六合方圆
印　　刷：大厂回族自治县众邦印务有限公司

成品尺寸：170mm × 240mm
印　　张：12.75　　**字　　数**：110千字
版　　次：2023年5月第一版　　**印　　次**：2025年2月第二次印刷

书　　号：ISBN 978-7-5166-6638-8
定　　价：39.00元

出版说明

党的二十大报告指出，中国式现代化为人类实现现代化提供了新的选择，中国共产党和中国人民为解决人类面临的共同问题提供更多更好的中国智慧、中国方案、中国力量。

中国式现代化，是中国共产党领导的社会主义现代化，既有各国现代化的共同特征，更有基于自己国情的中国特色。中国式现代化极大丰富了现代化理论，拓展了现代化实践，既是中国共产党人理论和实践创新的重大突破，也是中华民族为丰富人类文明宝库作出的又一重要贡献。

为便于广大党员干部深入理解和把握中国式现代化

的本质要求，我们精选新华社公开采写播发的相关报道，编辑出版了《中国式现代化解码》一书。

本书分为“理论解读”“实践探索”“国际反响”三个部分，导向正确、内容权威、通俗易懂，可以作为广大党员干部深入学习贯彻中国式现代化理论的参考读物。

目录

理论解读篇

实践探索篇

国际反响篇

理论解读篇

1. 从党的二十大看以中国式现代化全面推进中华民族伟大复兴

习近平总书记在党的二十大报告中庄严宣示：“从现在起，中国共产党的中心任务就是团结带领全国各族人民全面建成社会主义现代化强国、实现第二个百年奋斗目标，以中国式现代化全面推进中华民族伟大复兴。”

大道之行，壮阔无垠。

回首来路，在新中国成立特别是改革开放以来长期探索和实践基础上，经过十八大以来在理论和实践上的创新突破，我们党成功推进和拓展了中国式现代化。

展望前路，牢牢把握新时代新征程的使命任务，自信自强、守正创新，踔厉奋发、勇毅前行，我们党一定能团结带领亿万人民不断夺取全面建设社会主义现代化国家新胜利！

成功推进和拓展了中国式现代化——壮阔征程擘画宏伟蓝图，中国式现代化道路的图景更加清晰

首场党代表通道上，英国《经济学人》杂志记者向代表提问：“历史会怎么样记住今年的二十大？”

中央党校（国家行政学院）分管日常工作的副校（院）长谢春涛代表回应说，党的二十大报告对中国未来五年以至更长时间的发展作出规划和部署。“一定会对中国未来发展起着重要引领、推动作用，一定能够使中国式现代化更稳、更快、更好地推进。”

奋斗目标，标注新的历史方位；

今日中国，开启新的逐梦征程。

翻开二十大报告，中国式现代化的美好前景令人向往——

全面建成社会主义现代化强国，总的战略安排是分两步走：

——从二〇二〇年到二〇三五年基本实现社会主义现代化；

——从二〇三五年到本世纪中叶把我国建成富强民主文明和谐美丽的社会主义现代化强国。

报告明确了到二〇三五年我国发展的总体目标：“经济实力、科技实力、综合国力大幅跃升”“实现高水平科技自立自强，进入创新型国家前列”“建成现代化经济体系，形

成新发展格局”“全过程人民民主制度更加健全”“人的全面发展、全体人民共同富裕取得更为明显的实质性进展”……

中国科学院院士、吉林大学化学学院教授于吉红代表说：“党的十九大报告描绘了全面建设社会主义现代化国家宏伟蓝图，党的二十大报告对全面建成社会主义现代化强国作出进一步科学谋划，报告内容一脉相承又与时俱进。”

报告强调，未来五年是全面建设社会主义现代化国家开局起步的关键时期。

“开局起步至关重要，我们要心往一处想、劲往一处使，努力推动中国式现代化建设事业不断向前进。”中国建筑五局党委书记、董事长田卫国代表说。

宏伟擘画，映照初心如磐。

一百多年前，孙中山先生在《建国方略》中绘就了中国现代化第一份蓝图：建设 160 万公里公路、约 16 万公里铁路、3 个世界级大海港、三峡大坝……

如今，铁路进青藏、公路密成网、高峡出平湖、港口连五洋、“天和”驻太空、“祝融”探火星……中国的现代化程度已远超孙中山先生当初的设想。

伟大变革，筑牢梦想之基。

历史性地解决了绝对贫困问题，经济总量稳居世界第二位，制造业规模、外汇储备稳居世界第一，进入创新型国家行列，货物贸易总额居世界第一，吸引外资和对外投资居世界前列，美丽中国建设迈出重大步伐……

党的十八大以来，以习近平同志为核心的党中央带领人民，采取一系列战略性举措，推进一系列变革性实践，实现一系列突破性进展，取得一系列标志性成果，推动党和国家事业取得历史性成就、发生历史性变革。

上海市松江区委书记程向民代表说，正是因为坚持创新在我国现代化建设全局中的核心地位，松江区从房地产占“半壁江山”的近郊区，跃升为长三角G60科创走廊的策源地，未来还将秉持新发展理念不动摇，唯实唯干、加快高质量发展。

习近平总书记在二十大报告中深刻阐释：“中国式现代化，是中国共产党领导的社会主义现代化，既有各国现代化的共同特征，更有基于自己国情的中国特色。”

二十大报告阐释了中国式现代化的特征：是人口规模巨大的现代化，是全体人民共同富裕的现代化，是物质文明和精神文明相协调的现代化，是人与自然和谐共生的现代化，是走和平发展道路的现代化。

报告明确提出中国式现代化的本质要求：坚持中国共产党领导，坚持中国特色社会主义，实现高质量发展，发展全过程人民民主，丰富人民精神世界，实现全体人民共同富裕，促进人与自然和谐共生，推动构建人类命运共同体，创造人类文明新形态。

中共中央党史和文献研究院原院务委员冯俊说，二十大报告更深入阐释了中国式现代化的特征，并首次提出了九个本质要求，这对于我们深刻理解和认识中国式现代化的科学内涵、旨归意义、目标任务、实现途径等，具有重要价值。

扎根中国大地，中国式现代化彰显中国特色社会主义制度的优越性，展现出光明前景和勃勃生机。

创造人类文明新形态——为人类实现现代化提供新的选择，中国式现代化道路越走越宽广

迄今为止，全球完成工业化的发达国家和地区人口总和不超过 10 亿人。中国 14 亿多人口整体迈入现代化社会，无先例可循，是人类历史上有深远影响的大事。

站在时代潮头，习近平总书记高瞻远瞩，擘画了以中国式现代化全面推进中华民族伟大复兴的大棋局——

党的十八大报告把“实现社会主义现代化和中华民族伟大复兴”作为建设中国特色社会主义的总任务；

党的十九大报告作出分两步走到本世纪中叶建成社会主义现代化强国的战略安排；

党的二十大报告对全面建成社会主义现代化强国两步走战略安排进行宏观展望，重点部署未来五年的主要目标任务。

中央党校（国家行政学院）教授辛鸣表示，中国式现代化是守正创新走出的新路，把握人类发展的规律，立足中国大地，为人类社会整体实现现代化开辟了新路。

“人民生活品质高，很安全；生态环境很棒，山清水秀，这才是21世纪生活应该有的样子。”第二次参加中共党代会报道的埃塞俄比亚通讯社记者贝雷克特·西赛深有感触，“中国用几十年的时间走过了西方200多年的现代化道路，令人惊叹。”

中国式现代化，打破“现代化就是西方化”的路径依赖，蹚出了一条发展中国家走向现代化的新路。

“我们党领导人民不仅创造了世所罕见的经济快速发展和社会长期稳定两大奇迹，而且成功走出了中国式现代化道路，创造了人类文明新形态。”

2021年11月11日，在党的十九届六中全会第二次全体会议上，习近平总书记指出，这些前无古人的创举，破解了人类社会发展的诸多难题，摒弃了西方以资本为中心的现代化、两极分化的现代化、物质主义膨胀的现代化、对外扩张掠夺的现代化老路，拓展了发展中国家走向现代化的途径，为人类对更好社会制度的探索提供了中国方案。

“能在拥有十几亿人口的国家实现现代化，这无疑是对人类进步事业的巨大贡献。”肯尼亚国际问题学者卡文斯·阿德希尔表示，中国的成功实践为非洲国家在内的发展中国家作出表率，即各国应探索一条符合自身实际的现代化发展道路。

从采煤沉陷区数万居民搬进新居，到西露天矿的生态蝶变，辽宁抚顺不断以发展成果惠及百姓。抚顺市委书记来鹤代表说，中国式现代化始终坚持以人民为中心的发展思想，为广大人民群众带来了看得见、摸得着、既利当下又利长远的福祉。

当前，世界之变、时代之变、历史之变正以前所未有的方式展开。和平赤字、发展赤字、安全赤字、治理赤字加重，人类社会面临前所未有的挑战，世界又一次站在历史的十字路口。

当“世界怎么了、人类怎么办”的时代之问在全球回荡，二十大报告从人类发展大潮流、世界变化大格局的高度，进一步阐释“中国式现代化是走和平发展道路的现代化”：

“我国不走一些国家通过战争、殖民、掠夺等方式实现现代化的老路”；

“中国始终坚持维护世界和平、促进共同发展的外交政策宗旨，致力于推动构建人类命运共同体”；

“不断以中国新发展为世界提供新机遇，推动建设开放型世界经济，更好惠及各国人民”；

……

越走越宽广的中国式现代化道路，将更好发展自身、造福世界。

党代表通道上，年近八旬的菌草专家林占熺代表分享了菌草从中国走向世界，为全球减贫事业贡献中国力量的故事。

“菌草援外小而美、见效快、惠民生。”林占熺说，从南太岛国到非洲、拉美，许多人通过种菌草、种菇，摆脱了贫困，改变了命运。

英国学者马丁·雅克认为，中国提供了一种“新的可能”，开辟了一条合作共赢、共建共享的文明发展新道路。这是前无古人的伟大创举，也是改变世界的伟大创造。

是历史的巧合，也是发展的必然。

北京八达岭长城脚下，两条铁路在此交会：一条是一百多年前詹天佑主持修建的京张铁路，一条是2022年北京冬奥会的配套工程京张高铁。

从打破“中国人不能自建铁路”断言的“争气路”，到引领智能高铁的“先行路”，从时速35公里到350公里，两条铁路见证着一个国家的发展，折射出中国式现代化的成功。

“历史会镌刻下这一笔，世界将对中国道路有全新的认识。”2022年新年伊始，习近平总书记考察北京冬奥筹备工作时说的话，意味深长。

撸起袖子加油干——走好必由之路，以中国式现代化推进中华民族伟大复兴

全面建设社会主义现代化国家，是一项伟大而艰巨的事业，前途光明，任重道远。

未来五年是全面建设社会主义现代化国家开局起步的关键时期，对于实现第二个百年奋斗目标至关重要。

翻开二十大报告，未来五年的主要目标任务跃然而出：

“经济高质量发展取得新突破”“改革开放迈出新步伐”“全过程人民民主制度化、规范化、程序化水平进一步提高”“居民收入增长和经济增长基本同步”“城乡人居环境明显改善”……

把蓝图变为现实，是一场新的长征。

在参加党的二十大广西代表团讨论时，习近平总书记指出：“当前最重要的任务，就是撸起袖子加油干，一步一个脚印把党的二十大作出的重大决策部署付诸行动、见之于成效。”

二十大报告阐明了前进道路上必须牢牢把握的重大原

则——坚持和加强党的全面领导，坚持中国特色社会主义道路，坚持以人民为中心的发展思想，坚持深化改革开放，坚持发扬斗争精神。

国务院发展研究中心研究员龙海波说，我们党提出的这些重大原则是对以前探索经验的总结，是对现代化理论的丰富和发展，全面开拓了中国式现代化理论新境界，指引我们今后面对各种风险挑战始终沿着正确方向前进，坚定不移在新时代新征程走中国式现代化道路。

谱写全面建设社会主义现代化国家新篇章，必须坚持和加强党的全面领导。

新时代十年创造的伟大成就、实现的伟大变革，最根本的原因在于有习近平总书记作为党中央的核心、全党的核心掌舵领航，在于有习近平新时代中国特色社会主义思想的科学指引。

二十大报告提出，坚决维护党中央权威和集中统一领导，把党的领导落实到党和国家事业各领域各方面各环节，使党始终成为风雨来袭时全体人民最可靠的主心骨，确保我国社会主义现代化建设正确方向，确保拥有团结奋斗的强大政治凝聚力、发展自信心，集聚起万众一心、共克时艰的磅礴力量。

“全面加强党的领导，必须确保党中央权威和集中统一领导，确保党发挥总揽全局、协调各方的领导核心作用。”

南京航空航天大学马克思主义学院党委书记徐川代表说，要自觉用习近平新时代中国特色社会主义思想武装头脑、指导实践，坚决捍卫“两个确立”，忠实践行“两个维护”，让我们党永葆生机活力、走好新的赶考之路。

谱写全面建设社会主义现代化国家新篇章，必须坚持中国特色社会主义道路。

十年砥砺奋进。我们坚持和发展中国特色社会主义，推动物质文明、政治文明、精神文明、社会文明、生态文明协调发展，成功走出了中国式现代化道路，创造了人类文明新形态。

实践充分证明，中国特色社会主义是党和人民历经千辛万苦、付出巨大代价取得的根本成就，是创造人民美好生活、实现中华民族伟大复兴的康庄大道。

二十大报告提出，“坚持道不变、志不改，既不走封闭僵化的老路，也不走改旗易帜的邪路，坚持把国家和民族发展放在自己力量的基点上，坚持把中国发展进步的命运牢牢掌握在自己手中”。

“鞋子合不合脚，只有穿的人才知道。”湖南省郴州市委书记吴巨培代表说，十年来，在新发展理念指引下，当地坚持生态优先、绿色发展，绿水青山真正成了金山银山。实践证明，这条道路符合中国实际、反映中国人民意愿、适应时代发展要求，不仅走得对、走得通，而且也一定能够走得稳、走得好。

谱写全面建设社会主义现代化国家新篇章，必须坚持以人民为中心的发展思想。

二十大报告中，“人民”是贯穿其间的核心关键词之一。“紧紧抓住人民最关心最直接最现实的利益问题”“扎实推进共同富裕”“促进高质量充分就业”“完善基本养老保险全国统筹制度”“把保障人民健康放在优先发展的战略位置”……报告亮出更多惠民生、暖民心举措，呼应人民对美好生活的向往。

中国共产党领导人民打江山、守江山，守的是人民的心。“红船起航地”，浙江嘉兴南湖区。过去19年间，96345服务热线24小时“不打烊”，累计接听电话470多万次，群众满意率超过99%。

“红船，凝聚着共产党人的初心和信仰，初心和信仰体现在全心全意为人民服务中。”96345社区服务求助中心党支部书记骆叶青代表说。

谱写全面建设社会主义现代化国家新篇章，必须坚持深化改革开放。

改革开放，是前进道路上的不竭动力。二十大报告提出，深入推进改革创新，坚定不移扩大开放，着力破解深层次体制机制障碍，不断彰显中国特色社会主义制度优势。

报告提出的一系列新部署绘就未来发展的“施工图”——

在经济方面，明确“高质量发展是全面建设社会主义现代化国家的首要任务”；

在科教方面，提出“必须坚持科技是第一生产力、人才是第一资源、创新是第一动力”；

在法治方面，部署“在法治轨道上全面建设社会主义现代化国家”；

在生态方面，强调“必须牢固树立和践行绿水青山就是金山银山的理念，站在人与自然和谐共生的高度谋划发展”；

……

“顺应我国社会主要矛盾转化，关键要进一步解决不平衡不充分的发展问题。报告科学回答了复杂形势怎么看、高质量发展怎么办等问题，为中国式现代化发展之路指明方向。”辽宁省阜新市委书记胡涛代表说。

作为全国首个资源枯竭型城市经济转型试点市，阜新市经过 20 多年努力，风电、光伏等新能源产业已成为高质量发展新引擎。

反复研读报告，福建省晋江市委书记张文贤代表更加坚定信心：“我们要立足新起点，深入推进改革创新，以开放姿态拥抱全球市场。”

谱写全面建设社会主义现代化国家新篇章，必须坚持发扬斗争精神。越是接近胜利的彼岸，越要准备经受风高浪急甚至惊涛骇浪的重大考验。

面向未来，中国极地研究中心“雪龙2”号船长赵炎平代表心潮澎湃：“从‘雪龙’号到‘雪龙2’号，‘双龙探极’背后是我国科技创新能力的不断跃升。我们将以极地探索的热情和勇气，不断加大科研攻关力度，坚持发扬斗争精神，为推进中华民族伟大复兴攻坚克难、破冰前行！”

我们通过奋斗走出了一条光明大道，我们还要继续前行。

在以习近平同志为核心的党中央坚强领导下，在习近平新时代中国特色社会主义思想科学指引下，汇聚起14亿多中国人民的磅礴伟力，我们就一定能用新的伟大奋斗创造新的伟业！

（新华社北京2022年10月20日电　新华社记者韩洁、徐扬、樊曦、谢希瑶、高敬、叶昊鸣）

企业实践案例

深耕智慧公卫领域
海尔生物医疗数智化创新助力健康中国建设

现代化的本质是人的现代化。我国坚持把健康摆在优先发展的战略地位，并作出了实施健康中国战略的重大决策部署。“人民至上、生命至上”成为中国式现代化的鲜明底色。作为中国式现代化的重要内容之一，公共卫生现代化是推进健康中国建设的重要保证。

当前，我国仍面临“多重疾病威胁并存、多种健康影响因素交织叠加”的复杂局面，快速增长的老龄人口养老和健康支持需求持续增加，公共卫生现代化的艰巨性和复杂性前所未有。与此同时，日新月异的数字技术重塑了各行各业，公共卫生领域同样经历着数字化转型。以物联网、大数据、人工智能、5G通信等为代表的数字技术，成为构建强大的现代化公共卫生体系的重要支撑力量。作为生命科学与医疗创新数字化场景方案服务商的海尔生物医疗，秉承“让生命更美好”的愿景使命，通过数字化创新与生态融合，为公共卫生体系现代化建设交出了一份独具特色的“数智”答卷，助力健康中国建设。

数字化 + 移动化创新模式，服务疫情防控救治体系建设

提高应对突发公共卫生事件能力是保障和维护人民健康的必然要求。党的二十大报告提出，“健全公共卫生体系，提高重大疫情早发现能力，加强重大疫情防控救治体系和应急能力建设”等要求。自疫情发生以来，本着人民至上、生命至上的价值理念，我国因时因势优化疫情防控措施。面向政策及人民健康需求，海尔生物医疗立足我国地域辽阔、人口基数大、农村人口多等国情，聚焦防疫关键环节，进行数字化和移动化创新，打造涵盖样本采集、转运、检测、接种等防疫各环节的公共卫生安全全场景方案，服务于疫情防控

★ 海乐苗预防接种车成为博鳌亚洲论坛现场一道“靓丽风景线”

救治体系建设。

针对全国范围内的大规模群体性预防接种、偏远地区以及特需群体的预防接种等问题，海尔生物医疗在中国疾控中心指导下，打造出海乐苗预防接种车，运用物联网、5G 等技术，实现疫苗数字化预防接种管理，保障接种信息的准确性和实时性。具体来看，海乐苗预防接种车内设有接种区、冷链室、紧急处置区等，功能分区合理；太阳能冰箱、接种台智能冰箱、医用空气消毒机等接种设备一应俱全，相当于将一个小型的数字化接种门诊“搬到”车上。其中，车内搭载的基于物联网的疫苗安全移动接种系统，可以为用户提供疫苗预约、登记预检、接种追溯、异常反馈等接种闭环服务，智慧疫苗接种冰箱可配合当地疫苗管理系统将疫苗、冷链温度、疫苗厂家、受种者、医护人员等信息互联，做到疫苗接种无差错。此外，海乐苗预防接种车可采用太阳能和发电机实时供电，为疫苗接种工作开展提供可靠保障。

相较于固定接种点，海乐苗预防接种车突破了原有接种条件限制，能深入山区、牧区乡村、社区、学校等多种场所，全天候、全路段、全机动提供接种服务。截至目前，海乐苗预防接种车已累计为北京、上海、西藏、新疆等 29 个省（直辖市、自治区）100 多个地市，5000 多家机构的 600 余万人次提供便捷的智慧移动接种服务，成为社区接种门诊的有力补充。

如果说，接种疫苗是预防传染病最有效、最经济的手段，那么及时精准的病毒筛查，则是实现疫情“早发现”“快处置”的关键所在。为满足偏远地区、机场、高速路口、大型会议、展会等特定场所核酸快检需求，海尔生物医疗运用物联网技术手段，打造出融登记、采样、检测、消杀等功能于一体的海乐苗核酸快检车。作为固定检测点的重要补充，核酸快检车可实现随到随用、就地检测，最快1小时即可出具检测结果，便捷高效。

加速数智技术融合应用，促进基层公卫服务能力提升

随着人民生活水平不断提高和人口老龄化加速，人民健康需求和品质要求持续快速增长。优质医疗资源总量不足，区域配置不均衡，“一老一小”等重点人群医疗卫生服务供给不足等问题依然突出。党的二十大报告提出：“促进优质医疗资源扩容和区域均衡布局，坚持预防为主，加强重大慢性病健康管理，提高基层防病治病和健康管理能力。”

紧抓中国式现代化和数字中国建设新机遇，海尔生物医疗立足健康优先发展要求，加速公共卫生服务领域场景方案延伸拓展。沿着“设备＋平台＋服务”的模式，海尔生物医

疗通过数字化创新和生态融合，构建了“智慧”城市公共卫生服务生态平台，形成城市级的智慧公卫服务方案，持续助力基层防病治病和健康管理能力提升，为现代化公共卫生体系建设及健康中国建设注入新动能。

聚焦健康老龄化发展要求，海尔生物医疗运用数字化技术手段，探索出一套可全面触达基层群众的公共卫生健康管理方案，包含院内体检工作站、数字化常规体检车、家庭医生签约随访工作站三大体检场景，推动基层医疗卫生服务模式重构。依托该场景方案，基层医疗卫生机构搭建起完整、开放式的公共卫生体检平台，让人、机、数据互联互通，不

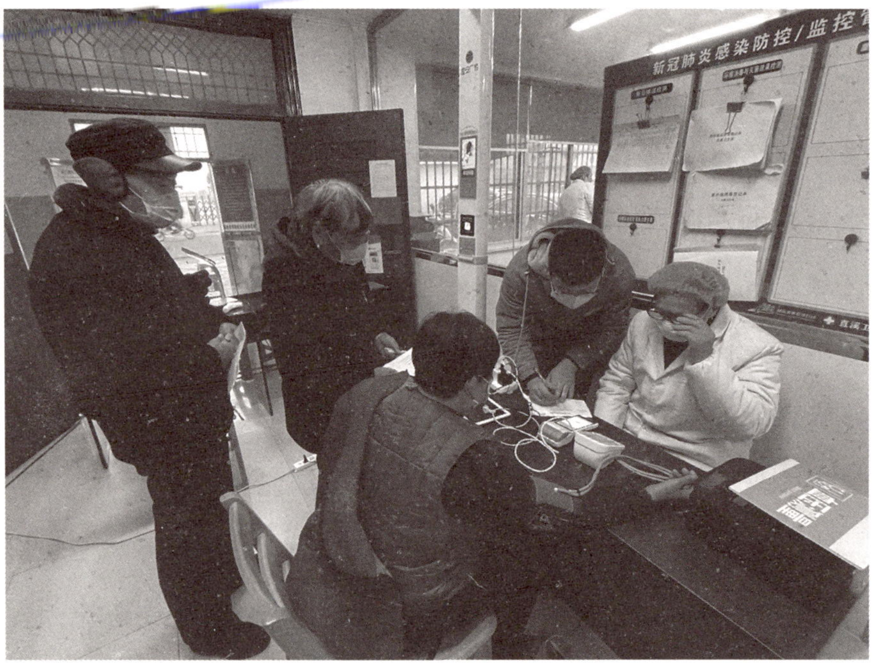

★ 智慧公卫服务方案为老人群带来“家门口”体检便利

仅实现了基层公卫体检全流程的信息化管理，也让体检整体效率提升了3倍，缓解了基层卫生机构“人少事多”压力。并建立起更精准的数字化健康档案，让群众个人健康信息可追溯。而数字化常规体检车及随访工作站方案的应用，则为偏远乡村居民、行动不便的老人等带来“家门口”体检的便利。

★ 海尔生物医疗移动体检车

海尔生物医疗“智慧”城市公共卫生服务生态平台的搭建，将有效促进优质医疗卫生资源下沉，让优质高效、智慧便捷的公共卫生服务真正触达基层民众。未来，依托该平台，海尔生物医疗将加大老年人健康管理、妇幼保健、移动医疗等方案创新，以多样场景布局、一体化解决方案，持续促进优质医疗资源下沉。其中，在移动医疗领域，海尔生物医疗将继续布局移动体检车、两癌筛查车、鼠疫快检车、传染病五项筛查车等移动医疗服务，以高质量医疗卫生服务提升基层群众幸福感、获得感。

人民健康是社会文明进步的基础，没有全民健康，就没有全面小康。在中国式现代化的道路上，要时刻秉持“人民至上、生命至上”的价值理念，全面推进以人民健康为中心的公共卫生体系变革，努力构建起强大的公共卫生体系，织牢织密公共卫生安全防护网，让公共卫生现代化建设成果更多更公平惠及全体人民，为人民幸福安康筑牢安全屏障。

2. 代表委员共话推进中国式现代化

这是逐梦未来的新征程——

2022年金秋十月，党的二十大擘画了以中国式现代化全面推进中华民族伟大复兴的宏伟蓝图，亿万人民共赴充满光荣和梦想的远征。

这是满怀希望的再出发——

2023年初春三月，党的二十大后的首次全国两会胜利召开，对全面建设社会主义现代化国家开局起步之年的工作进行安排部署。

大道之行，壮阔无垠。

在以习近平同志为核心的党中央坚强领导下，全党全国各族人民自信自强、守正创新，踔厉奋发、勇毅前行，在民族复兴的康庄大道上奋力创造更加灿烂的明天！

乘势而上，坚定信心开启中国式现代化新征程

3 月 6 日，启蛰时分，万物沐春。

习近平总书记来到北京友谊宾馆聚英厅，亲切看望参加政协会议的民建、工商联界委员并参加联组会，听取大家的意见和建议。

走过极不寻常、极不平凡的五年，中国发展站在了更高历史起点上。

习近平总书记话语坚定：“我们坚持稳中求进工作总基调，迎难而上，沉着应对，不信邪、不怕压、不避难，国内生产总值年均增长 5.2%，如期打赢脱贫攻坚战，全面建成小康社会，实现第一个百年奋斗目标，推动党和国家事业取得举世瞩目的重大成就，推动我国迈上全面建设社会主义现代化国家新征程。”

时间，开启新的书写；发展，翻开新的华章。

更清晰的广阔前景，指明强国建设、民族复兴的康庄大道——

目标如灯塔。党的二十大报告指出，从二〇二〇年到二〇三五年基本实现社会主义现代化；从二〇三五年到本世纪中叶把我国建成富强民主文明和谐美丽的社会主义现代化强国。两步走的战略安排，让第二个百年奋斗目标更加清晰完整。

“蓝图已经绘就，如何铺展决定目标能否如期实现。”中国宝武马钢集团党委书记、董事长丁毅代表说，近年来，我们更加积极主动融入长三角一体化发展，发展格局更大、后劲更足，营收从2020年的1200多亿元提高到去年的2200多亿元。

翻开今年政府工作报告，国内生产总值增长5%左右，城镇新增就业1200万人左右，居民消费价格涨幅3%左右……开局之年，一系列部署指引发展方向。

“5%左右的经济增长目标，同现阶段我国经济增长潜力相适应。短期看，有利于向市场传递积极信号，提振信心、引导预期；长期看，为实现2035年中长期增长目标创造条件，有助于为全面建设社会主义现代化国家开好局起好步。”北京工商大学副校长龚六堂委员说。

更明确的特征优势，彰显中国式现代化的丰富内涵——

中国式现代化，是人口规模巨大的现代化，是全体人民共同富裕的现代化，是物质文明和精神文明相协调的现代化，是人与自然和谐共生的现代化，是走和平发展道路的现代化。

“党的二十大报告进一步明确了中国式现代化的时代特征，提出九大本质要求以及必须牢牢把握的重大原则，这些初步构建起中国式现代化的理论体系，深化了我们对中国式现代化丰富内涵的认识，也使得中国式现代化更加清晰、更加科学、更加可感可行。”北京大学光华管理学院教授周黎安委员说。

“十年来，常州市经济总量增长一倍、PM2.5浓度下降一半，让我们对建设人与自然和谐共生的现代化更有信心。”江苏省常州市市长盛蕾代表说，新征程上将更好统筹质的有效提升和量的合理增长，描绘“水清岸绿、空气常新、净土丰饶、鱼水和谐”的常州新画卷。

立足中国大地，植根中国文化，中国式现代化是具有中国特色、中国风格、中国气派的现代化。

今年春节，在保留原生态艺术特色基础上，引入现代美学理念及创作手法的大型音舞诗画《木卡姆印象》，一经上演一票难求。

“中华民族优秀传统文化是建设文化强国、增强文化自信的重要基础，我们正是从满足人民精神生活新需求的角度，让传统艺术在创新中焕发新的生命力。”研究木卡姆艺术已有30多年，新疆艺术剧院木卡姆艺术团团长地力下提·帕尔哈提代表说，今年就加大非遗保护力度等提出建议，让更多人关注、关心优秀传统文化，筑牢中国式现代化的文化根基。

创造人类文明新形态，拓展了发展中国家走向现代化的路径选择——

3月4日下午，全国政协十四届一次会议首场“委员通道”

上，中国旅游研究院院长戴斌委员这样描绘自己的梦想：

“我有一个旅游梦，不同地域、不同肤色、不同文明的人在这颗蓝色的星球上相互往来，在旅行中欣赏美丽风景，体验美好生活，为打造人类命运共同体注入信心和活力。”

中国式现代化创造人类文明新形态，打破了“现代化=西方化”的迷思，树立了独立自主迈向现代化的典范。

“新时代十年高质量发展的实践证明，中国可以走出一条和西方不一样的、因地制宜的现代化之路。”申万宏源证券研究所首席经济学家杨成长委员说，只有真正发挥自身优势、充分尊重发展规律的道路，才能真正走通走顺，同时给予其他经济体以借鉴。

宏阔画卷，铺展万千气象。

我们党历经百年奋斗，领导人民成功走出中国式现代化道路，也必将带领人民在新征程上开辟中国式现代化建设新天地。

筑牢根基，以高质量发展推进中国式现代化

3月5日下午，人民大会堂东大厅灯光璀璨，暖意融融。

“高质量发展是全面建设社会主义现代化国家的首要任务。”

习近平总书记参加江苏代表团审议时的重要讲话，为全面贯彻落实党的二十大精神、以高质量发展扎实推进中国式现代化指明方向。

新时代新阶段的发展必须贯彻新发展理念，必须是高质量发展。

第七次全国人口普查结果显示，我国人口达到14.1亿人，约占全球总人口的18%。

14亿多人口整体迈进现代化社会，规模超过现有发达国家人口的总和，艰巨性和复杂性前所未有。高质量发展是解决之道，更是首要任务。

从国际看，世界进入新的动荡变革期，新一轮科技革命和产业变革深入发展，但不确定难预料因素增多。

从国内看，我国继续发展具有多方面优势和条件，但面临的改革发展稳定任务更加繁重。

清华大学经济管理学院院长白重恩委员说，我国发展取得了举世瞩目的成就，但仍要看到同发达国家之间的差距以及人口资源环境的约束，必须全面贯彻新发展理念、加快构建新发展格局，在高质量发展中筑牢中国式现代化的根基。

加快实现高水平科技自立自强，是推动高质量发展的必由之路。

春日暖阳下，已经启用的合肥大科学装置集中区的聚变堆项目园区一派繁忙景象。从空中俯瞰，这片基地状如“凤凰展翅”，寄托着人类点燃聚变之灯的清洁能源梦想。

安徽省合肥市市长罗云峰代表说，作为第二个获批建设的综合性国家科学中心，合肥坚定不移服务保障国家战略科技力量建设，聚力建设链接全球高端创新要素的“科大硅谷”，勇当科技创新和产业创新的开路先锋。

在危机中育新机、于变局中开新局。

党的二十大报告指出，教育、科技、人才是全面建设社会主义现代化国家的基础性、战略性支撑。

“南方科技大学建校只有12年，但实现了飞跃发展，产出一批原创科研成果，为高质量发展贡献新力量。”中国科学院院士、南方科技大学校长薛其坤代表说，中国全力建设创新型国家，为科研人员提供了更广阔的舞台。

加快构建新发展格局，是推动高质量发展的战略基点。

北京大学新结构经济学研究院院长林毅夫委员说，人口规模巨大，国民收入不断增长，形成了庞大的国内需求；基础设施建设成绩显著，交通运输设施不断完善，为形成统一大市场提供了便利；在商品市场发展的同时，生产要素市场迅速发展。“这种全面发展的超大规模国内市场，成为我国经济实现高质量发展的重要基础。”

构建新发展格局，要把实施扩大内需战略同深化供给侧结构性改革有机结合起来，加快建设现代化产业体系。

作为国家重要现代制造业基地，重庆目前已形成“多点支撑”产业格局。“我们将全力加速电子、汽车摩托车、装备制造、消费品、材料等传统支柱产业高端化、智能化、绿色化转型，力争到2027年全市制造业增加值占GDP比重达28%。”重庆市经济和信息化委员会主任蓝庆华代表说。

推进农业现代化，是实现高质量发展的必然要求。

“四季美景风光好，步换景移是大湾……”在大别山腹地安徽省金寨县花石乡大湾村的农民大舞台上，村民们自导自演的快板——《乡村振兴写新篇》道出这个小山村从深度贫困村迈入全国乡村旅游重点村的巨大变化。

大湾村党总支第一书记余静委员说，现在入村旅游公路正在改扩建。依托绿水青山的生态资源，全村逐渐走出一条山上种茶、家中迎客、农产品加工的特色发展之路。“乡村振兴的路上，大伙儿有盼头更有劲头。”

党的二十大报告指出，全面建设社会主义现代化国家，最艰巨最繁重的任务仍然在农村。

严守耕地红线，切实保障粮食和重要农产品稳定安全供给；把产业振兴作为乡村振兴的重中之重，不断拓宽农民增收致富渠道；优化镇村布局规划，加快建设宜居宜业和美乡村……新征程上，一系列新谋划不断为农业农村发展增动力、添活力。

人民幸福安康，是推动高质量发展的最终目的。

正是江南春好时，浙江省绍兴市柯桥区漓渚镇棠棣村的兰花基地幽香扑鼻，前来赏花、参观非遗花雕、学习押花工艺的游客络绎不绝。去年，这里的村民人均收入超过12万元。

“实现全体人民共同富裕是中国式现代化的本质要求之一，身处共同富裕示范区，我们深感必须把实现人民对美好生活的向往作为出发点和落脚点。”棠棣村党总支书记刘建明代表说。

“实现全体人民共同富裕的现代化难点在农村，实现物质文明与精神文明相协调的现代化焦点仍然在农村。”江苏省张家港市永联村党委书记吴惠芳代表说，不仅要推动生产发展，还要促进乡风文明，建设宜居宜业和美乡村，让农民跟上时代步伐、共享发展成果。

居民收入增长与经济增长基本同步，加强养老服务保障，解决好新市民、青年人等住房问题……政府工作报告、计划报告和预算报告中亮出更多民生举措，呼应人民对美好生活的向往。

在高质量发展中开拓更为广阔的发展空间，把发展成果不断转化为人民群众的获得感、幸福感、安全感……一幅幅中国式现代化图景让人满怀期待。

聚势而为，共赴中国式现代化光明前景

大型塔吊挥舞巨臂、施工机械隆隆作响、工地园区热火朝天……江苏南通今年一季度已新开工亿元以上重大产业项目99个、重点基建项目79个，以“奔跑”的姿态奋力开新局。

“起步就要提速，开局就要争先。”南通市市长吴新明代表说，踏上中国式现代化新征程，虽然前路有不少挑战，但南通正迎来新一轮黄金机遇期、站上跨越发展的新风口。“我们将以强烈的历史紧迫感抢占先机、放大优势、寻求突破。”

推进中国式现代化是一项伟大而艰巨的事业，未来五年是全面建设社会主义现代化国家开局起步的关键时期，尤其要抓好开局之年的工作。

新征程上，要坚持和完善党的全面领导——

坚持中国共产党领导，是中国式现代化最鲜明的特征和最突出的优势。

新时代十年来的伟大变革雄辩证明：“两个确立”是做好一切工作的信心之本，是战胜一切艰难险阻的胜利之源，是应对一切不确定性的最大确定性、最大底气、最大保证。

“党的领导直接关系中国式现代化的根本方向、前途命运、最终成败，是推进中国式现代化的根本所在。只有毫不

动摇坚持党的领导，中国式现代化才能前景光明、繁荣兴盛。”重庆市委宣传部常务副部长曹清尧代表说。

新征程上，要坚定不移全面深化改革开放——

改革开放是当代中国经济社会发展的活力之源。

切实落实“两个毫不动摇”，深化国资国企改革，依法保护民营企业产权和企业家权益；更大力度吸引和利用外资，扩大市场准入，落实好外资企业国民待遇……今年的全国两会上释放出“改革不停顿，开放不止步”的积极信号。

“在推进中国式现代化进程中，民营企业大有可为！”宁德时代新能源科技股份有限公司董事长曾毓群委员说，通过改革创新完善制度、优化环境，为民营企业排忧解难，让我们有信心轻装上阵，共赴中国式现代化新征程。

不断扩大高水平对外开放，在深度参与全球产业分工合作中拓展发展新空间。

万里之外的西非毛里塔尼亚远洋渔业基地，一个个装载着大西洋生猛渔获的集装箱从这里出发，跨越大洋，靠岸福建马尾港。之后，经过加工的海产品便出现在全国各地及巴西、日本等国。

“50多年前和爷爷划着小舢板在海边捕鱼时，我怎么也想不到，有一天能在非洲建起中国的境外远洋渔业基地，造大船、闯深海、捕大鱼的梦想照进现实。”福建省福州市宏东渔业股份有限公司董事长兰平勇代表说，将把自身发展更好融入新发展格局，为共建“一带一路”贡献力量。

新征程上，要始终保持昂扬奋进的精神状态——

把蓝图变为现实，是一场新的长征。

“未来一个时期，我们面临的风险挑战只会越来越多、越来越严峻。只有全体人民心往一处想、劲往一处使，同舟共济、众志成城，敢于斗争、善于斗争，才能不断夺取新的更大胜利。”

在看望参加政协会议的民建、工商联界委员时，习近平总书记铿锵有力的话语，催人奋进。

前进道路上，团结就是力量，奋斗开创未来。

“今天的中国充满生机活力，明天的中国奋斗成就梦想。我们满怀豪情，脚踏实地，共赴中国式现代化新征程，我们将用百倍的努力，助力中华民族复兴伟业。”民建中央副主席孙东生委员坚定地说。

前进道路上，无论是风高浪急还是惊涛骇浪，人民永远是推进中国式现代化最坚实的依托、最强大的底气。

“我们相信，只要在全面推进乡村振兴的路上辛勤劳动，我们村一定会实现共同富裕的目标。”西藏巴青县江绵乡坡荣塘村党支部书记其德代表说，回去后要比以前更加努力工作，让全村群众生活得更好。

亿万中华儿女往前迈出的每一步，都将汇聚成中华民族昂扬奋进的历史洪流。

在这个美好的春天，让我们更加紧密团结在以习近平同志为核心的党中央周围，向着更加光明的未来，向着实现中国式现代化的宏伟目标，进发！

（新华社北京2023年3月7日电　新华社记者韩洁、陈刚、杨玉华、何宗渝、高敬、叶昊鸣）

3. 如何理解“中国式现代化”

党的二十大擘画了以中国式现代化全面推进中华民族伟大复兴的宏伟蓝图。新华网联合中央党校（国家行政学院）国家高端智库、中央党校（国家行政学院）习近平新时代中国特色社会主义思想研究中心，推出“思客讲堂·党校公开课（第四季）”《二十大报告里看未来丨如何理解“中国式现代化”》，邀请五位党校青年教师讲解中国式现代化。

为什么要走中国式现代化道路？

党的二十大报告指出，新征程上，我们党的中心任务是“以中国式现代化全面推进中华民族伟大复兴。”那么，为什么只有走中国式现代化道路才能推进中华民族伟大复兴呢？

习近平总书记曾经讲过“三个独特”。2014年，总书记在布鲁日欧洲学院演讲时提出的，“独特的文化传统，独特的历史命运，独特的国情，注定了中国必然走适合自己特点的发展道路。”今天，我们就以这三个“独特”为索引，一起来思考：走中国式现代化道路的必然性和必要性。

首先，中国式现代化道路源于我们独特的文化传统。

可能许多人都有一个困惑：实现现代化是不是意味着不要传统文化了？在世界几大古文明中，唯有中华文明没有中断、延续发展至今，已经有5000多年的历史了。但是，正是因为历史太悠久，在一些人的固有印象中，古老就是陈旧，就是落后，所以，中国要实现现代化，就必须彻底抛弃传统文化，全盘接受现代西方文化观念。

传统文化和现代文明之间，真的是水火不容、势不两立吗？

“仰观宇宙之大，俯察品类之盛，所以游目骋怀，足以极视听之娱，信可乐也”。这是王羲之千古名篇《兰亭集序》中的一段，写于东晋永和九年，也就是公元353年，距今已经有1600多年的历史了。今年（2022年）的10月12日，这段文字竟然出现在一位意大利航天员的社交媒体上。这位宇航员萨曼莎·克里斯托福雷蒂正在国际空间站执行驻留任务，她还配上了三张照片，是在太空中“路过”中国上空时拍摄的渤海湾、白天的北京和夜幕下灯火通明的北京。

穿越千年，古代中国文化与现代航天科技交相辉映；跨越中西，中国古人的哲思与西方宇航员的浪漫同频共振。古今中外的次元壁完全打通了。

我们相信，人类对美好生活的向往是共同的。正所谓，人同此心，心同此理。当今世界正处于百年未有之大变局，战争、贫穷、疾病仍然存在。人类文明走向何方，建设什么样的世界，攸关每个国家、每一个人的前途和命运。

当然，中国人不只共享全人类的共同价值而且具有独特而悠久的精神世界，我们看待人生、看待社会、看待世界，有自己独特的价值体系。同时，中华优秀传统文化中蕴含的一些内容，同科学社会主义价值观主张高度契合。

中国人坚持天下为公、民为邦本，所以中国式现代化必然是共同富裕的现代化。

中国人相信厚德载物，讲信修睦，所以中国式现代化必然是物质文明和精神文明相协调的现代化。

中国人倡导“天地与我并生，而万物与我为一”的“天人合一”，尊重自然、热爱自然是中华民族数千年生生不息、繁衍不绝的文化养分。所以中国式现代化也必然是人与自然和谐共生的现代化。

总之，中国式现代化从中国独特的文化传统中走来。用一句流行语来说：这是一场中华文明与现代化的“双向奔赴”。

一方面，五千年中华文明在奔向现代化的进程中，迎接八面来风，海纳万国文化，重现强劲动力，实现伟大复兴。另一方面，人类社会的现代化转型也在拥抱中华优秀传统文化的过程中，注入新的动力，嵌入新的价值，因中华文化的博大精深、中国人民的不懈创造而更加丰富。

第二，中国式现代化道路源于中国独特的历史命运。

2018 年 6 月 12 日，习近平总书记在山东省威海市刘公岛视察。1888 年，北洋水师正是在这里诞生。1895 年，号称“远东第一、世界第六”的北洋舰队又是在这里，与日军激战数日，力战不敌，全军覆没，唤醒了“吾国四千年之大梦”。习近平总书记望着遥远的海岸线，语重心长地说：“我一直想来这里看一看，受受教育。要警钟长鸣，铭记历史教训，13 亿多中国人要发愤图强，把我们的国家建设得更好更强大。”

中国作为一个文明古国，历史上经济社会发展曾经长期领先世界各国，在全球经济中占有较大份额。国外有位学者研究指出，1500 年前后，中国经济总量占全球的比重约为 25%，1600 年达到 29.2%，1820 年最高达到了 32.9%。经济、科技、文化一直处于世界第一方阵。

但是，在工业革命后，西方国家崛起的同时，中国闭关锁国，落后了，错失现代化的历史机遇。列强的入侵，给中华文明造成严重冲击。国家蒙辱，人民蒙难，文明蒙尘，中华民族遭受前所未有的劫难。子曰：“己所不欲，勿施于人。”我们的文化和价值观决定，一些西方国家实现现代化的方式，殖民主义，靠战争、掠夺来发展自己，我们是不愿学，也坚决不会学的。

辛亥革命之后，中国人继续寻找现代化之路。孙中山先生在《建国方略》中提出要修建遍布全中国的铁路网，要修建160万公里公路、3个世界级大港，还要建造三峡大坝……这被称为中国现代化的第一份蓝图。

中国想要简单模仿西方走资本主义的现代化道路，行不通。中国的现代化，既要反封建、又要寻求民族独立，必须要走一条独立自主、符合中国国情的道路。

十月革命一声炮响，给中国人送来了马克思列宁主义，由此中国的现代化进程翻开新的一页。中国共产党诞生于革命洪流之中，但是一开始就把实现中国的现代化作为自己的目标。新中国成立后，我们党带领全国人民对社会主义现代化建设进行了艰辛探索。改革开放以来，中国加入了新科技革命的浪潮，开启了现代化建设的新时期。

1978年10月，正是党的十一届三中全会召开前夕，邓小平出访日本。短短的几天时间内，邓小平参观了日本多家大型企业。在日产汽车工厂，观看了总装线，全是“机械手”在安装组件，他自言自语地说，我明白现代化是怎么回事了。

邓小平坐上集合了当时最新科技的新干线，陪同的日本记者问：“您有什么感受呀？”邓小平爽快地回答：“就感觉到快，有催人跑的意思！我们现在正适合坐这样的车。”邓小平的回答饱含深意,在已经实现了现代化的发达国家的所见所闻，让他意识到，中国要迎头赶上世界的脚步，赶上时代的脚步，赶上现代化的脚步。

经过四十多年的发展，我国的现代化建设取得了巨大成就。现在，新一轮科技革命和产业变革正在世界范围内蓬勃兴起，中国需要在百年变局中实现现代化，高水平科技自立自强成为新的“时代考题”。

党的二十大代表通道上，来自山东省港口集团有限公司的高级别专家张连钢，给大家讲了一个故事。他说，刚开始我们也想引进先进技术和经验,但是在国外考察时不能下车，也不能拍照。我们想合作，但他们不开放任何技术。这就等于是，我们花了钱，但是什么也得不到，将来遇到了问题还要再花钱，找他们来解决。这让我们体会到，关键核心技术是要不来、买不来、讨不来的。我们决定要自主研发，外国人就说，你们要自主研发，成功的概率就是个零！这句话深深地刺痛了我们，也激发了我们的斗志，我们一次次开发、一次次失败，但是，我们一直咬牙坚持。最后，我们不仅做出来了，而且做得比他们更先进，更智能！”这就是中国式现代化的实力和底气！

前面我们回顾了近代以来的历史，可以说，中国式现代化从中国独特的历史命运中走来。中国人由被动到主动，自立自强，勇毅前行。所以，中国式现代化必然是中国共产党领导的社会主义现代化，也必然是走和平发展道路的现代化。

第三，中国式现代化道路源于中国独特的国情。

习近平总书记参加党的二十大广西代表团讨论时指出："我们的现代化既是最难的，也是最伟大的。"

确实如此。迄今为止，全球实现工业化的国家不超过30个，人口不超过10亿人。而中国要让14亿多的人口整体迈入现代化社会，规模超过了现有发达国家人口的总和。

大家打开一张中国地图，从黑龙江省黑河到云南省腾冲划一条直线，这就是著名的"胡焕庸线"，是经济地理学家胡焕庸先生1935年提出来的。线之东南，43%的国土，供养着全国94%左右的人口；线之西北，57%的国土，居住着全国6%的人口。总书记曾感叹："我国幅员辽阔、人口众多，各地区自然资源禀赋差别之大在世界上是少有的，统筹区域发展从来都是一个重大问题。"

幅员辽阔、人口众多，地区差异巨大，在这样超大规模的国家实现现代化，而且是全体人民共同富裕、物质文明和精神文明相协调、人与自然和谐共生、走和平发展道路的现代化，是一个世界性和世纪性的难题。

二十大报告中指出，中国实现现代化，“艰巨性和复杂性前所未有”。

虽然“艰巨性和复杂性前所未有”，但我们必须要做。这是为什么？

习近平总书记曾回忆自己许多年前的经历，他说，当年我到农村去，当地的“秀才”跑我这儿来宣讲，说“咱们今后现代了，那都不一样了，楼上楼下电灯电话，包子饺子肉丝肉片”。

可见，我们的人民对现代化的渴望是多么强烈！

大家都看过电视剧《山海情》吗？是不是和我一样都被深深地感动了。这个故事正是习近平同志在福建工作期间的亲历。1997年，习近平同志第一次到西海固，被眼前的景象深深震撼了。一户人家，唯一的“财产”是挂在房梁上的一撮发菜。

守江山首先要守人民的心，现代化就是民心所向。

如今，西海固的“干沙滩”已经建设成为“金沙滩”。从“南水北调”到“西煤东运”“西气东输”“西电东送”，辽阔疆域之上的大国工程，无不彰显中国式现代化的特色和优势。

中国式现代化从中国独特的国情中走来。在中国共产党的领导下，现代化中国的宏阔画卷正在我们面前徐徐展开。

最后，我们回到开头那个问题：为什么只有走中国式现代化道路才能实现中华民族伟大复兴？我想大家心里一定已经有了答案。

独特的文化传统、独特的历史命运、独特的国情，注定了当代中国的伟大变革必然要走适合自己特点的中国式现代化道路，要把实现中华民族伟大复兴立于自身基点之上。

这不仅是发展上的独立自主，更是精神上的自信自立。惟其艰巨，所以伟大；惟其艰巨，更显荣光。

〔中央党校（国家行政学院）科学社会主义教研部　张源〕

什么是中国式现代化？

诗人木心有一首诗《从前慢》，里面这样写道："从前的日色变得慢；车，马，邮件都慢；一生只够爱一个人"。这首诗生动形象地描绘了过去慢生活的浪漫与美好。然而，随着近年来我国经济社会快速发展，人们的生活环境、生活方式发生了巨大变化，过去的慢生活变成了现代的快节奏生活。木心的诗很容易唤起人们的怀旧情绪。的确，我们可能会怀念过去，怀念那种"采菊东篱下，悠然见南山"的慢生活。但我想，我们恐怕也很难接受回到过去，特别是回到没有网络的时代。因为回到过去，就意味着要放弃现代化为我们所带来的便利。

那么，什么是现代化呢？我想可以从三个方面来理解。

首先，现代化是个加速器。现代化与工业革命、工业化有着内在联系，但在不同时代，现代化的内容并非一成不变。现代化所带来的变化是深刻的、全面的、系统的，体现在经济、政治、社会、文化、生态等各个领域，以及农业、工业、服务业、交通、国防等各个部门，还体现在了人类社会的行为、观念、制度等多个层面。18 世纪 60 年代，英国率先开启了第一次工业革命，人类社会进入"蒸汽时代"，开始从农业社会向工业社会转变；19 世纪中期，德国、美国等国家开启了第二次工业革命，人类社会逐渐过渡到"电气时代"；20 世纪 40 年代，美国、欧洲国家等开启了第三次工业革命，人类社会开始向"信息时代"转变。可以看出，三次工业革命是推动现代化不断发展的关键所在，并且赋予了现代化不同的内涵。第一次和第二次工业革命推动了工业化、城镇化的发展，但是第三次工业革命之后又产生了信息化、知识化等发展趋势。在此过程中，西方发达国家用了二百多年的时间，实现工业化、城镇化、农业现代化、信息化的顺序发展，呈现出"串联式"的发展特点。改革开放以来，我国是用四五十年的时间，努力完成二百多年以来的三次工业革命所累积的现代化任务，是在时空高度压缩的条件下实现的，呈现出"并联式"的发展特点，因而我国现代化的任务多重交织、矛盾相对集聚，难度也更为艰巨。

其次，现代化就像交响乐。现代化最早产生于西方社会，但现代化不等于西方化。就像交响乐中不是只有一种乐器独奏，每个国家在追求现代化中都会有自己的声部和特点。“世界上没有两片完全相同的树叶”，现代化也是如此。各个国家和地区的发展条件、历史文化、制度形式存在着显著差异，究竟通过哪种模式来实现现代化并没有固定统一的样板，也没有放之四海而皆准的现代化标准。西方国家的现代化发展模式，不是也不可能成为唯一的“标准模板”。“鞋子合适不合适，只有脚知道”。现代化进程已经席卷全世界，各个国家都会结合自己的国情，选择合适的道路，西方国家已经不可能垄断现代化。历史上，现代化有多种类型，未来也不会是单一的。

最后，现代化是场马拉松。虽然西方国家先起跑，但不意味着会一直领先。这些年，跑马拉松成为热潮。有经验的跑手都知道，最重要的不是抢跑，而在于跑得稳、跑得久、跑得远。现代化就像是一场“国际马拉松比赛”。西方国家率先开启了这场比赛，世界上大多数的国家或主动或被动地加入了比赛。西方国家开跑后，领跑在前的自然是发达国家，在后面跟跑、并跑甚至赶超的则是发展中国家。我们看到，不同发展程度的国家都面临着现代化的压力与目标，已经实现现代化的国家目标在于保持现代化水平，发展中国家则是要朝着现代化目标追赶。作为长跑项目，跑着跑着，可能部分领先的国家就跑不动了、陷入了停滞，甚至是落伍了；发展中国家在遵循现代化发展规律的前提下，有机会利用后发优势实现反超。

谁都想过上好日子，我们中国人也是如此。中国人追求现代化的历程，就是一场接力赛。1840年鸦片战争之后，中国被迫卷入了现代化的轰鸣进程中。当我们用大刀长矛对抗列强的火枪大炮，以农业文明应战工业文明的结局只能是悲惨和壮烈的。为实现民族独立与国家现代化，当时的仁人志士，从“工业化”开始，以不同方式、从不同层面进行了现代化探索，比如说洋务运动、辛亥革命。这段历史大家都了解，这些尝试都以失败而告终。

在这样的历史语境下，中国共产党一经成立，就担负起了探索中国现代化道路的历史使命，开启了由中国共产党领导的、自力更生的现代化探索和实践进程。中国共产党首先通过新民主主义革命为实现现代化奠定了政治前提，以此彻底改变了中国人民和中华民族的前途和命运。

新中国成立后，为了实现现代化，我们党团结带领人民进行了一系列艰辛探索。1957年，毛泽东同志提出要“将我国建设成为一个具有现代工业、现代农业和现代科学文化的社会主义国家”。经过努力，我们在满目疮痍、一穷二白的基础上初步建立起了独立的，相对比较完整的工业体系和国民经济体系。

到了改革开放和社会主义现代化建设新时期，以邓小平同志为主要代表的共产党人，深刻总结历史经验，创造性地运用中华传统文化中的“小康社会”这个概念，形象地描绘了中国现代化发展图景。随着我国现代化建设步伐的加快，我们对现代化的规律的认识更加深刻和全面。我们充分认识到，现代化是一个世界潮流，中国不可能关起门来搞现代化，必须拥抱世界、对外开放。

中国特色社会主义进入新时代，党中央对党和国家各项事业作出科学、完整的战略部署，明确“五位一体”总体布局和“四个全面”战略布局，提出以中国式现代化推进中华民族伟大复兴，完成了脱贫攻坚、全面建成小康社会的历史任务，实现了小康这个中华民族的千年梦想，书写了经济快速发展和社会长期稳定两大奇迹，成功推进和拓展了中国式现代化。中国人民以自己的现代化创造为人类实现现代化提供了新的选择。

那么，中国式现代化具有哪些重要特征呢？我们可以从五个方面来理解。

第一，中国式现代化是人口规模巨大的现代化。我看到一个数字，目前，全世界实现现代化的国家和地区的人口总数约为 10 亿人。中国，作为一个拥有 14 亿多人口的发展中国家，比目前已经实现现代化的发达国家的人口总数还多。我们常说“家大业大”，大有好的好处，大也有大的难处。好处是我们的发展底气足、我们的市场大、我们的消费能力强等等，难处是巨大的人口规模也带来了前所未有的任务与挑战，意味着我国实现现代化的艰巨性和复杂性是空前的，意味着没有先例可循、没有现成道路可走，意味着这注定是人类历史上前所未有的壮举。中国实现现代化，将大大增加世界实现现代化的人口总数，为世界现代化进程作出重大贡献。

第二，中国式现代化是全体人民共同富裕的现代化。世界现代化的一大难题就是现代化所带来的不平等，不平等现象蔓延了全世界，新冠肺炎疫情又进一步放大了这个问题。法国巴黎经济学院下设的世界不平等问题研究室发布的《世界不平等报告》中指出，2021 年，亿万富豪占有的财富份额创下最大增幅，最富有的 0.01% 的人口占有全世界 11% 的财富。与此相对，中国式现代化所追求的共同富裕就是要解决这个问题，而这正是社会主义的本质要求。其中，我们的“共同”强调是全体人民而不是少部分人，凸显了“公平”的重要性，“富裕”则是强调要发展生产，凸显了“效率”的重要性。“共同”和“富裕”合在一起就是要解决公平与效率的统一的问题。如果用“做蛋糕”来比喻，就是我们既要把“蛋糕”做大、做实、做好，又注重分好“蛋糕”。当然，共同富裕也不可能是直接给所有人发钱，也不是“劫富济贫”、搞平均主义。实现共同富裕是一个长期的历史过程，办好这件事，等不得也急不得，需要我们几代人为之奋斗。在这个意义上，中国式现代化推动共同富裕，为人类社会追求和实现公平正义指明了前进方向。

第三，中国式现代化是物质文明和精神文明相协调的现代化。当高楼大厦在我国大地上矗立时，中华民族精神的大厦也应该巍然耸立。习近平总书记曾经指出，“70 后、80 后、90 后、00 后，他们走出去看世界之前，中国已经可以平视这个世界了，也不像我们当年那么‘土’了……”我想这可能反映了大多数国人看待国外时的心态变化：由过去的“仰视”，到现在理性的“平视”，不再简单认为“国外的月亮圆”，而是实现高度的文化自信。这背后的基础正是我国现代化进程的加快以及我国经济社会发展所打下的坚实的物质文明基础。伴随着物质文明的进步，我们的精神文明也在不断发展。物质贫困不是社会主义，精神贫乏也不是社会主义。物质富足、精神富有是社会主义现代化的根本要求。用一句话概括就是，中国式现代化不仅要实现家家“仓廪实 衣食足”，而且要实现人人“知礼节 明荣辱”。

第四，中国式现代化是人与自然和谐共生的现代化。从一定意义上说，一部人类文明发展史就是一部人与自然的关系史。生态文明是工业文明发展到一定阶段的产物，是实现人与自然和谐发展的新要求。中国式现代化坚持贯彻落实“绿水青山就是金山银山”的发展理念，坚持可持续发展，像保护眼睛一样保护自然和生态环境，走的是一条生产发展、生活富裕、生态良好的文明发展道路，实现的是人与自然的和谐共生。最近我的同事到延安出差，听说有些外地剧组到延安拍电影时特别“闹心”，愁得不行，这是为什么啊？原来，他们本想去拍摄苍凉的黄土高原，但在延安当地的山头几乎已经被绿色渲染。大家看这张图片，你能想象吗？这里就是黄土高原。大家印象中满天黄沙、土地贫瘠的黄土高原，早已被绿色植被所覆盖、恢复了生机。延安这片黄土高原已经长满了绿色，也代表了中国式现代化更加绿色的未来。

第五，中国式现代化是走和平发展道路的现代化。我们都知道，中华民族历来崇尚“和而不同”“以和为贵”“四海之内皆兄弟”。中华民族是爱好和平的民族，和平、和睦、和谐的追求深深植根中华民族的精神世界之中、融入中国人民的血脉之中。中华民族的血液之中没有侵略他人、称王称霸的基因，也不会把自身曾经经历过的悲惨遭遇强加给其他民族。新中国成立70多年来，中国从来没有主动挑起过任何一场战争和冲突。我们不走一些国家通过战争、殖民、掠夺等方式实现现代化的老路，而是坚定站在历史正确的一边、站在人类文明进步的一边。中国式现代化是在坚定维护世界和平中谋求自身发展，又以自身发展更好维护世界和平。不仅如此，我们通过中国式现代化积极促进了现代化成果的共享，历时5年建成通车的中老铁路，让昆明到万象山不再高、路不再长，也让曾经多山缺路的老挝，直接跨入了现代化运输时代，由“陆锁国”变成了“陆联国”。

回首过去，展望未来，中国的现代化特别不容易，也因此格外伟大。在18、19世纪现代化的开篇中，中国因西方强加的战争和苦难，曾是现代化的落伍者、迟到者；在20世纪现代化的浪潮中，中国因为自己的自立自强，成为现代化的追赶者、后来者；在21世纪现代化新篇章的谱写中，中国共产党将继续团结带领中国人民，不断勇毅前行，成为现代化的开拓者、引领者。

〔中央党校（国家行政学院）马克思主义学院　毕照卿〕

如何走好中国式现代化道路？

我请大家先看这样一组图片。这是来自祖国西南部贵州省的图片。曾几何时，提到这里我们就会想到偏远和贫穷。如今，在青山绿水间，我们看到的是技术先进的大数据和云计算中心，看到的是村里百姓通过数字门牌扫码来享受数字公共服务。这是中国数字经济增长速度最快的地方。中国首家大数据交易所在这里诞生。最先进的数字技术、最前沿的科技应用开始在这里生根、发芽。传统与现代、落后与发达在这里发生了奇妙的变化，这就是中国式现代化的力量。

中华民族的现代化新征程好比是一次波澜壮阔的远航。如何才能顺利到达胜利的彼岸？我总结了这样几个关键词。

第一个关键词是掌舵定向。

在人类历史的海洋中，一艘巍然巨轮要有坚强的舵手和正确的前进方向，才能不迷失在大海上。走好中国式现代化道路，首先要坚持中国共产党的领导，坚持中国特色社会主义。

二千多年前，中国的先贤们提出了大同社会的理想。千百年来，大道之行，天下为公，老有所养、幼有所长等一系列设想，成为中国人心中朴素的追求。174 年前，马克思主义的诞生，科学社会主义的提出，揭示了人类社会发展的普遍规律。101 年前，中国共产党成立于民族危亡之际。历史选择了马克思主义，选择了中国共产党。马克思主义的内在精神和中国人民对民族独立、反抗压迫的追求是一致的，和中国人民对美好生活的向往、对社会公平正义的期盼是一致的。中国共产党带领中国人民，在实践探索中走出了中国特色社会主义道路，这是历史的必然。在人类社会发展面临的挑战和风险日益加剧的今天，唯有坚持正确的方向，拥有中国共产党这一坚强的掌舵者，才能在历史的惊涛骇浪中扬帆远航。

第二个关键词是行稳致远。

大海中的航行，不仅需要注意速度，还要航行得更稳、更远。我们的现代化发展也是如此，不仅要看经济增长的快慢，还要看发展的质量。

比如说，过去我们强调 GDP 指标，现在我们还要看发展质量，还要看发展的体制、动力和平衡。过去我们生产出 10 件产品，6 件出口到国外，4 件在国内，国内人民的消费还没有满足。现在我们需要考虑的问题是，既要继续扩大开放，卖给国外，也要生产更多更好的产品卖给国内，满足国内人民群众对美好生活的需要。同时，我们还要安全可持续地发展。所以，我们的产品是不是更有科技含量，更有品牌价值，能耗更少？是否能占据国际产业链顶端？一部分地区先发展起来了，城市先发展起来了，我们还要考虑城乡，还有各个区域的协调和均衡发展，这些都是高质量发展要做的事情。

除此以外，我们还要思考背后的深层问题：如何让更好的经济制度体系来保证这一切高效、可持续、安全地完成？我们取得的经济成就证明，市场经济同样可以在社会主义中国获得成功。我们要充分发挥市场在资源配置中的决定性作用，更好发挥政府作用。

第三个关键词是众志成城。

中国式现代化远航的巨轮上，人民是真正的主人。走好中国式现代化道路，要发展全过程人民民主。人民群众是历史的创造者，中国式现代化也一定是人民当家作主的现代化。

全过程人民民主离我们并不遥远，它每天都发生，就在我们每个老百姓的生活中。我们有应用广泛的数字民意表达途径，我们能通过互联网给两会留言，给市长写信，也可以在微博、微信平台上与政府互动，表达利益诉求，又能拨打市民热线，解决身边的事情。有一段时间，我住的地方附近，新修的停车场占用了人行道，行人只能从机动车道上走，非常危险，邻居们拨打了12345热线，事情很快得到了解决。我们不仅仅可以参与民主选举，还可以参与民主协商，参与国家政策的制定和监督过程。最广大人民群众的利益和期盼，汇成中国式现代化的前进力量。

民主是要用来解决人民的实际问题的，真正的民主不仅仅要看程序和形式，还要看能否真正的发挥作用；不仅仅要看谁掌握民主定义的话语权，还要看民主的全过程，还要看人民群众是不是真的当家作主。

第四个关键词是志存高远。

走好中国式现代化道路，要丰富人民精神世界。早在15世纪的大航海时代，人们就发现，长期在海上航行，如果没有新鲜的水果，容易患上一种坏血症。后来，人们在柠檬中发现，有一种物质是人生命中不可或缺的，这就是维生素C。

精神世界之于现代化发展，就如同维生素之于人类的健康一样，同样不可或缺。

我是一名 85 后，在我小的时候，电影院里最火爆的是好莱坞电影，我们看惯了美国人拯救地球。突然有一天，我们在电影中发现原来中国人也可以当英雄。这世界上除了美国队长、蜘蛛侠，还有孙悟空和哪吒。我们五千年悠久的文化传统，我们红色的革命文化也能震撼人心。当中国人的精神气质和中国之美被中国文化产业展现出来的时候，我们会有一种发自内心深处的自豪和共鸣。中国式现代化不仅要求实现物质和技术层面的现代化，它更要求实现人的现代化，精神的现代化，思想的现代化。

人类的现代化历史，伴随着思想意识领域的不断变化。但是我们也能看到，物质生活的富足，并不必然意味着精神上的富足。发展不仅仅是为了追求物质的极大丰盛，还有价值的回归和精神的充盈。人类的发展最终还是要回到人本身的价值，实现人的自由而全面的发展。

第五个关键词是航线明晰。

走好中国式现代化道路，要实现全体人民的共同富裕。共同富裕同样是中国式现代化的本质要求。

西方国家的历史经验告诉我们，现代化并不必然带来共同富裕。法国有位学者皮凯蒂，2013 年出版了一部名字叫《21

世纪资本论》的书，在西方学界引发热议。听到这个名字，大家大概就能猜到他要研究什么。对了，他探讨的是资本集中和贫富差距的问题。皮凯蒂发现，西方发达国家从 18 世纪工业革命开始现代化，300 年的数据显示，人们的贫富差距不仅没有缩小，反而不断加大。因为这些国家的资本收入远大于劳动收入，财富总是流向少数人。而作为对比，社会主义的中国，脱贫攻坚战取得了全面胜利，现行标准下，将近 1 个亿的贫困人口全部脱贫。现在，我们还要扩大中等收入群体比例，让乡村更富有，地区发展更均衡，收入分配更公平。

要实现共同富裕，我们还需要面对很多长期艰巨的挑战。很多研究发现，中国人的收入差距很大程度上是城乡之间、区域之间的发展差距导致的，也有很大因素是财产性价值差异造成的。因此，走好中国式现代化，就要全面推进乡村振兴，完善分配制度，提高居民劳动收入在国民收入分配中的比重，同时也要多渠道增加城乡居民财产性收入，通过多种渠道，扎实推进共同富裕。

第六个关键词是动力永续。

让我们再次回到时光之海，中华民族的这艘巨轮不仅要乘风破浪，还要保证动力永续。在现代化的征程上，我们也要实现中华民族永续发展。走好中国式现代化道路，要促进人与自然和谐共生。

我们中国人讲天人合一，就是讲人与自然，经济发展与环境保护不是一种对立的关系，而是相互促进，和谐统一。上世纪60年代，有一本书叫《寂静的春天》，讲到了人类发展过程带来了一个被破坏的自然。因为杀虫剂的应用，让春天的鸟叫消失了。这本书引发了全世界对现代化另一面的强烈反思,人类发展和自然保护究竟应当是一种什么样的关系。祖先的智慧告诉我们，人与自然，经济与环境并非截然对立的。我们的古人就知道休养生息，顺应天时，留下人与自然和谐共生的典范。我们未来的经济发展中会有更多的绿色经济。新的绿色能源技术，碳中和技术都会让我们的经济增长更加具有可持续性。我们既接受大自然的馈赠，又用新的智慧和科技去回馈和保护大自然。

曾经我们为雾霾苦恼，为江河污染痛心。过去十年的发展表明，我们有能力让天更蓝、山更绿、水更清。随着碳达峰和碳中和路线的确立，未来我们将在新能源革命、数字技术革命、产业结构升级的浪潮下持续发展。我们拥有世界第一的风力发电装机总量，世界第一的太阳能光伏容量，世界第一的水电装机容量。在绿色、低碳、环保经济的国际竞争赛道上，我们正发力赶超世界先进技术，从落后、追赶到部分引领。从环境破坏、被动保护，到人与自然和谐共生，我们在古老智慧和新科学技术的交融下，正走向一条人类绿色发展的新道路。

第七个关键词是拥抱世界。

我们的现代化巨轮将驶向深海，与世界相遇。

我们在地球村里，与各国人民同呼吸、共命运。现代化重新改变了人类的时空。海内存知己，天涯若比邻。千余年丝绸之路上的驼铃犹在耳边回响，郑和下西洋船队的风帆似乎并未远去之际，我们已经有了中欧班列，有了新海上丝绸之路，我们与世界的交流遍布每一个角落。

大家看，这是一张高铁的图片，如果不仔细看，我们还以为这是国内一辆常见的复兴号。高铁迷们一定可以发现，这实际上是中国承建的印尼雅万高铁，是中国高铁首次全系统、全要素、全产业链在海外落地，也是东南亚地区有史以来的第一条高铁。

开放的中国带给世界的并不是战争，而是更好的基础设施建设、更优质的商品、更先进的技术、更富足的生活。

当世界面临着百年未有之大变局时，中国将承担起大国责任，与世界各国一道同舟共济。当代人类的现代化和全球化，已经进入到一个全球风险社会阶段，这种风险是世界性的。正如同全球气候变暖、全球新冠疫情危机、区域粮食和能源危机，都会深刻地影响到每一个国家人民的生活。没有一个国家可以在地球上独善其身。在历史的十字路口，人类的命运何去何从，并不是哪一个国家可以决定的。这就需要世界各国同心协力，摆脱不平等、不合理的国际关系，反对霸权和单边主义；这就需要中国作为负责任的世界大国，贡献新理念，提供新智慧，发挥大国担当。

当世界上将近五分之一的人口，用不同于以往任何一种现代化的方案，用一种适合于自己历史和国情的方式，屹立于世界强国之林时，中国的现代化道路将证明东方智慧与马克思主义理论的结合，中国传统与人类当代文明成果的交融，能够造就属于全人类的新文明形态。

中华民族的巨轮已然启航，长风破浪会有时，直挂云帆济沧海。

我们的目标是星辰大海！

〔中央党校（国家行政学院）社会和生态文明教研部　陈氚〕

为什么说高质量发展是全面建设社会主义现代化国家的首要任务？

2014年，那会我还在读博士，假期从北京回老家杭州，乘坐的是Z9次绿皮火车，晚上7点从北京出发，晃晃悠悠第二天早上9点才到杭州，全程需要13个小时。五年后的2019年，12306网站上已经查不到这趟绿皮火车了，从北京直达杭州全是清一色的高铁车次，而且最快也只需要 5 个小时了。

翻开中国高铁建设的“成绩单”，我们可以看到，中国高铁始建于 21 世纪初，虽起步晚，但发展的速度很快，短短的几年时间内我国就建成了京沪高铁等多条长途线路。现在，中国高铁综合实力全球领先，拥有全球最大规模的高铁网络。我这有一组数据，截至 2021 年中国高铁运营里程已经突破了 4 万公里，总里程数位居世界第一，占全球高铁总量近 70%，超过世界其他国家的总和。不仅如此，中国高铁也频频在世界舞台上“出圈”，这些年在海外承建的中老铁路、雅万高铁，都已经成为中国制造走出去的“金名片”。

可以说，中国高铁的发展，大大丰富了老百姓的“生活圈”“旅行圈”“朋友圈”，也助推了我国经济高质量发展和民生高水平改善。

党的二十大报告指出，高质量发展是全面建设社会主义现代化国家的首要任务。这是二十大报告当中的一大创新提法，那为什么说是首要任务呢？这里有两个基本问题我们一起来理一理。

第一个是什么是高质量发展？

大小、胖瘦、高低，这都是在比较意义上作出的判断。高质量发展是与低质量、粗放式发展相对应的，它意味着经济发展阶段的变化。

我们一般认为，经济发展动力由低到高，可以分为要素驱动、投资驱动、创新驱动这么几个阶段。可以简单回顾一下我国经济发展的历程，我们是不是也具有这样的特征呢？

改革开放之初，我们开放国门、拥抱世界、融入全球化，用大量低廉的土地、劳动力等要素资源作为本钱，发展具有比较优势的劳动密集型产业，这一时期我们形成了以来料加工贸易、资源型为主导的产业，经济发展的速度很快，但发展方式粗放。这是典型的要素驱动型发展。

到了20世纪90年代中期之后，我们有了一定的经济基础，发展的实力、水平不断提高，大规模引进国外投资和先进技术，发展更高级别、更加高附加值的产业。比如，钢铁、化工等等，这些产业都需要大量的资本投资和相对成熟的技术。这是典型的投资驱动型发展。

今天，我国经济发展和社会生活已经发生了一些新变化。那拿我来说，每天早晨被手机闹钟叫醒，扫码进地铁站，到了单位打开电脑开始一天的工作，中午不想吃食堂就打开手机点外卖，忙累了刷刷手机，看看网购物品到哪了……我父母那一代，他们出门要牢记“身、手、钥、钱”四个字，还得相互提醒带好身份证、手机、钥匙、钱包；现在的我们，揣着一部智能手机就可以走遍天下都不怕了。

不难发现，数字经济时代已经来临了，并且潜移默化地改变了我们的生活和工作方式。根据中国信息通信研究院发布的《中国数字经济发展报告（2022年）》显示：截至2021年我国数字经济规模占GDP比重达到了39.8%，规模居世界第二。我国数字经济发展生机勃勃。这背后是强大的信息技术支撑，以及科技革命的加持。这也意味着我国进入了以知识和技术创新为标志的创新驱动发展阶段。

前面我们是从发展阶段上理解"高质量发展"，现在我们再从发展结果上来体会一下"高质量发展"。

2021年全国两会期间，习近平总书记在参加青海代表团审议时强调："高质量发展不只是一个经济要求，而是对经济社会发展方方面面的总要求。"高质量发展涉及方方面面，经济、政治、文化、社会、生态……新型的高科技、没有污染的天气、高品质的生活等等，这都是高质量发展的结果。

总而言之，高质量发展表现为五个方面。第一，高质量发展表现为发展的驱动力（主要）来自于创新；第二，高质量发展表现为区域、产业、社会等各方面发展具有内在的协调性；第三，高质量发展表现为绿色增长、人与自然和谐是发展的普遍形态；第四，高质量发展表现为全面开放、内外联动是发展的必由路径；第五，高质量发展表现为发展成果由全体人民共享。

很显然，追求高质量发展已经成为我们的共识，这些年我们也取得了很大的成绩。但是，我们必须清醒，目前我国仍是世界上最大的发展中国家，仍然处于社会主义初级阶段，虽然经济总量是上去了，但一算人均，还有很大的提升空间，我们还得好好努力。我们要始终牢记“发展是硬道理，发展是解决我国一切问题的基础和关键。”所以说，高质量发展是全面建设社会主义现代化国家的首要任务。

下面，我们再来看第二个问题，怎么推动高质量发展？这里我们可以抓住几个关键词：

第 1 个关键词：高水平社会主义市场经济体制

过去，我们曾经简单地把社会制度与资源配置方式划等号，认为计划经济就等同于社会主义，市场经济等同于资本主义。正因为长期实行计划经济，平均主义大锅饭造成了普遍贫困问题。1978 年我国的贫困发生率甚至高达 97.5%，远高于世界平均水平。

好在我们党适时纠偏，解放思想、实事求是，实行改革开放政策，不断深化对政府和市场关系的认识，推动社会主义市场经济体制从初步建立到不断完善和成熟，这为我们创造经济增长奇迹提供了强有力的制度保障。

站在新的历史起点上，我们必须清醒地看到，推动经济高质量发展还存在着一些体制机制性障碍，要素流动不畅、统一大市场还没有完全建立起来、资源配置效率不高等等。这就要求我们必须坚定不移坚持社会主义市场经济改革方向，发挥市场在资源配置中的决定性作用,更好地发挥政府作用，构建起高水平社会主义市场经济体制。

第 2 个关键词：现代化产业体系

一段时间以来，很多人都喜欢跑到国外去买东西，或者选择“海淘”，前些年，“海淘”真可是炙手可热。有个数据很能说明这个问题，2015 年至 2019 年间，中国消费者每年平均在海外消费 2600 亿美元，购买的产品既包括大牌奢侈品，也包括奶粉、厨具（等）生活日用品。这就纳闷了？我国明明是第一制造大国，拥有联合国所有工业门类，小到鞋、袜，大到汽车、轮船，什么都能造，产能供给体系这么强大，为什么还有这么多人去买国外产品呢？这主要是因为我国现有的供给体系与国内需求不相匹配。国内产品能够很好满足低价格、中低端的需求，却无法充分满足老百姓个性化、多样化的高品质需求。

一个现代化的国家，必须要有现代化产业体系作支撑。因此，我们要坚持以推动经济高质量发展为主题，把实施扩大内需战略同深化供给侧结构性改革有机地结合起来，增强国内大循环内生动力和可靠性，加快建设现代化产业体系，这既是实现高质量发展的必由之路，也是中国式现代化的战略任务。

第 3 个关键词：质、量并重

高质量发展是一种讲究质量效益和注重生产率提升的发展。我们应该清醒地认识到，过去支撑我国经济长期高速增长的人口红利、土地红利、改革开放和政策红利都逐渐在消失，粗放式发展已经进入了“死胡同”，只有全面深化改革，优化经济结构、转变发展方式，推动质量变革、效率变革、动力变革，提高全要素生产率才是王道。

当然，高质量发展并不意味着发展速度不重要了，保持经济合理增速十分必要。党的二十大报告进一步明确了到二〇三五年基本实现社会主义现代化目标时，我国人均国内生产总值要达到中等发达国家水平，这意味着什么呢？这意味着我们的人均 GDP 要达到 2 万美元以上，比起现在要翻一番。很显然，没有一定的经济增速，是不可能实现的。有关机构测算，要实现这一目标，我国年均 GDP 增速必须要达到 5% 以上。所以，全面建设社会主义现代化国家，我们仍然要推动经济实现“质的有效提升”和“量的合理增长”。

第 4 个关键词：促进区域协调发展

这张图是卫星上拍摄的中国夜光图，灯光越亮的地方，说明人口和城市越密集，经济越发达。从图中我们可以看出我国东南沿海比中西部地区要亮得多，这反映了我国要素空间分布的不均衡。高质量发展意味着经济发展的协调性、平衡性、可持续性进一步增强。

我老家在浙江。同学们在一起聊天时，经常会说“你们浙江老板多”。的确，浙江总体经济发展不错，但细看，浙江省内 90 个县（市、区），也存在发展不平衡的情况，其中，山区县是短板弱项。2021 年，浙江省成为（建设）共同富裕示范区，这是中央赋予浙江先行探索共同富裕的战略使命。那么浙江在解决区域、城乡、收入三大差距上，也采取了一系列有针对性的举措。比如说，针对欠发达的山区 26 个县，浙江制定了“一县一策”的精准帮扶政策，推动山区跨越式发展，缩小与全省的差距。这里举个例子，浙江西部的山区县开化县，那么县里的干部群众充分运用好省里的山区帮扶政策，高质量发展取得了明显的成效。2021 年县里的地区生产总值增长了 8.5%，综合考核在浙江山区 11 个生态发展县中排名第 1，城乡居民人均可支配收入比也缩小到了 1.89 ∶ 1。

我们老家的这种情况只是这些年省域促进区域协调发展的缩影。推动高质量发展，必须深入实施区域协调发展战略、区域重大战略、主体功能区战略、新型城镇化战略，优化重大生产力布局，加快构建优势互补、高质量发展的区域经济布局和国土空间体系。

第 5 个关键词：创新驱动发展

习近平总书记在二十大报告中指出：“我国发展进入战略机遇和风险挑战并存、不确定难预料因素增多的时期，各种‘黑天鹅’、‘灰犀牛’事件随时可能发生。我们必须增强忧患意识，坚持底线思维，做到居安思危、未雨绸缪，准备经受风高浪急甚至惊涛骇浪的重大考验。”

这让我想起了 2019 年的一本畅销书《美国陷阱》，这本书曾经上过热搜，相信很多人都听过或看过。书的作者是法国阿尔斯通的前高管皮耶鲁齐，书的内容是作者以自己的亲身经历揭露了美国政府如何动用国家强权打击商业竞争对手的内幕，这是美国的不择手段，最终使这家辉煌一时的跨国巨头公司被肢解。

情景总是惊人的相似。从 2018 年开始，美国如法炮制，先后对我国的中兴和华为两个公司直接动手打压和制裁，重点制裁我国科技创新的薄弱环节：芯片。岂止是芯片呀，一时间我国的很多关键技术都被美国制裁和封锁。关键技术被“卡脖子”，这也倒逼我们，必须要加快实施创新驱动发展战略。强化教育、人才、科技的基础性、战略性支撑（作用），不断开辟经济增长新领域新赛道，塑造发展新动能新优势。

第 6 个关键词：高水平对外开放

2001 年，中国正式成为世界贸易组织成员，这非常得不容易！这是我们经过 15 年的艰苦谈判最终取得的成果。其实，在加入世贸组织之前，国内还是很担心的，害怕开放的力度过猛，给国内本土的产业和企业带来灾难性打击。所以，当时国内蔓延着一种“狼来了”“引狼入室”的焦虑情绪。

不过后来，在加入世贸组织“与狼共舞”的过程中，我们始终保持谦虚谨慎的态度，一步一个脚印、踏踏实实地干，在开放的大潮中越战越勇。可以说，加入世界贸易组织的这 21 年，是中国经济保持长期高速增长的时期，目前我国已经成为世界第二大经济体，货物贸易第一大国，外汇储备连续 17 年位居全球第一，我们是 WTO 的“模范生”啊。

当前，面对经济全球化遭遇逆流的时候，我们始终站在历史正确的一边，坚定不移地拥抱全球化。从被动消极的开放走向积极主动的开放，从商品贸易开放走向规则制度型开放；开放的步子越迈越大、开放的领域越来越多、开放的水平越来越高。

这些年，我们设立了 21 个自贸试验区及海南自贸港；（截至 7 月份），中欧班列已累计开行超 5.7 万列；我们与全球 149 个国家和 32 个国际组织签署了 200 多份共建“一带一路”（合作）文件，并且对外签署 19 个自由贸易协定……中国的“朋友圈”越来越大。

国家现代化进程本质上是一个国家主动顺应经济全球化潮流、与世界各国合作共赢，从而实现国家繁荣发展的过程。习近平总书记多次强调“中国开放的大门不会关闭，只会越开越大”。今后我们仍将主动开放、自主开放，建设更高水平开放型经济新体制，加快构建新发展格局，这也是推进中国式现代化的必然要求。

党的十八以来，我们经历了涉滩之险、爬坡之艰、闯关之难，攻克了许多长期没有解决的难题，办成了许多事关长远的大事要事。现如今，中国式现代化的靓丽画卷已经徐徐展开，推动高质量发展正是绘就这个新画卷的关键画笔，唯有坚定不移推动高质量发展，才能将全面建设社会主义现代化国家和实现中华民族伟大复兴的梦想变为现实。

〔中央党校（国家行政学院）经济学教研部　汪彬〕

中国式现代化会为世界发展带来什么？

我先给大家分享一张图片。美国联邦最高法院大楼的门楣上，刻着三个人的雕像，其中有梭伦、摩西，还有另外一位是孔子。为什么这里会有孔子的雕像？设计者这样解释自己的创作初衷，他说：“法律是文明的一个要素，美国法律继承或派生于之前的文明之中。门楣上的孔子雕像，寓意对东方基本法律和戒律的借鉴。”

看到这，我不禁感慨传统中国对世界的巨大影响。在器物上，向世界提供了瓷器、丝绸这样美好的物件。在道路上，开创了当时连接东西方最长的商道，不仅推动沿线地区繁荣发展，还催生开放和自由贸易的理念。在文化上，向世界注入了东方文明。与此同时，传统中国还向世界传达了和平理念。正因所有的这一切，当近代中国因列强侵略而被终结昔日辉煌之时，世界上有很多人，像法国文豪雨果一样发出悲叹和抗议，其实那不仅是中华之殇，也是世界之殇。

幸而，在中国共产党的领导下，中国人民经过艰苦卓绝的斗争和艰辛探索，不仅实现国家独立、民族解放，还开辟了中国式现代化道路，推动中华民族伟大复兴进入不可逆转的历史阶段。中国式现代化创造了并将继续创造人类发展史上的奇迹。这份奇迹，不仅是中国的，也是世界的，将给世界带来多方面的影响。

第一，中国式现代化彻底改写现代化的世界版图。

改革开放以来，中国有 7.7 亿农村贫困人口摆脱贫困，占同期全球减贫人口 70% 以上。特别是党的十八大以来，党中央实施了一系列扶贫计划。我们坚持精准扶贫，尽锐出战，打赢了人类历史上规模最大的脱贫攻坚战，提前10年完成《联合国2030年可持续发展议程》中的减贫目标，赢得国际社会广泛赞誉。中国式现代化将实现14亿人口整体迈入现代化社会，其规模超过现有发达国家的总和，这将彻底改写现代化的世界版图。

不仅如此，中国式现代化还为世界现代化版图赋予了共同富裕、物质文明和精神文明相协调、人与自然和谐共生、和平发展的新底色。以人与自然和谐共生为例，自第二次工业革命以来，人类的生活水平和科技水平进入了一个迅猛的发展期，但是地球生态环境却面临一些新挑战，比如说海洋污染、气候变化、臭氧层破坏等等。如果任其恶化，人类生存将面临巨大的考验。美国航空航天局2019年公布的一组数据带来了一条好消息，进入21世纪以来，全世界的绿化面积不仅没有继续降低，反而还增长了5%，相当于地球上凭空又出现了一个亚马孙热带雨林。为什么会出现这个情况？在新增的绿化面积中，中国贡献居首位。卫星传回的图像资料显示，中国国土绿化面积在持续增加。1949年中华人民共和国成立之初，中国森林覆盖率仅有8.6%；而如今，中国的森林覆盖率，已经达到了24.02%。这说明，中国在推进中国式现代化的过程中，不仅没有加剧工业革命以来世界所面临的环境问题，反而在扭转世界环境恶化的状况。

第二，中国式现代化为世界发展提供持续动力和全新机遇。

近10年来，中国经济平均增长率为6.6%，居世界主要经济体前列，远高于同期世界平均增速的2.6%和发展中经济体平均增速的3.7%。中国对世界经济增长的平均贡献率达到了38.6%，超过七国集团国家贡献率的总和。中国经济近期克服了超预期挑战，保持增长动能，这为世界经济发展贡献了稳定性和确定性。

与此同时，中国向高质量发展迈进，也给世界带来了更高质量的机遇。中老铁路建成以前，老挝仅有一段长约3.5公里的铁路连接泰国。这种极为不便的交通状况，多年来制约着老挝的发展。中老铁路建成以后，让曾经多山缺路的老挝直接跨入现代化运输时代，极大地推动了老挝社会经济的发展和民生的改善。新加坡南洋理工大学经济学教授陈光炎，将中国称作“带动亚洲经济前进的火车头”，他说道“据世界银行数据显示，中国经济每多增长一个百分点，新加坡的GDP就多增长1.2%，马来西亚就多增长0.8%，印度尼西亚就多增长0.6%。”不仅在亚洲，中国发展对世界经济的带动效应也是显而易见的。麦肯锡全球研究院的研究报告认为，到2040年，通过中国和世界其他经济体的彼此融合，将有望创造22万亿至37万亿美元的经济价值，相当于全球经济总量的15%到26%。

第三，中国式现代化为世界发展提供新经验。

一提起现代化这个词，可能很多人头脑中第一幕浮现的是英美法那些西方发达国家。的确，在 18 世纪的英国工业革命和法国大革命之后，西方国家率先发展，他们的现代化要早于世界上很多国家。2017 年的时候，我在纽约乘坐地铁时，感觉那个地铁特别有年代感。朋友跟我介绍说，纽约在 1904 年就开通地铁了，所以这些地铁看起来就比较有年代感。我当时非常惊讶，说“这么早”？没想到他说，英国更早，英国大都会地铁站是建于 1863 年的。我当时就很感慨，英国、美国开始修建地铁时，中国还在清朝封建时期。别说是地铁，就是自行车的零部件也是生产不出来的，上些岁数的人还将自行车称为“洋车子”呢。那么，面对近 100 年的发展差距，包括中国在内的这些后发国家，在不具备当时历史条件、发展环境，甚至有着与西方不同发展理念的情况下，该如何才能实现现代化呢？这成为摆在世界上很多发展中国家面前的一道必答题。

在新中国成立特别是改革开放以来的长期探索和实践基础上，经过十八大以来在理论和实践上的创新突破，我们党成功推进和拓展了中国式现代化。中国式现代化既有各国现代化的共同特征，更有基于自己国情的中国特色和中国创新，吸引了世界的关注。有一次，我跟一位在非洲工作的媒体朋友聊天。他说，以前非洲民众比较喜欢看中国有关武术类和神话故事类的节目，但是近几年，当地一些媒体和民众会给他们打电话，询问能不能多制作一些有关中国发展类的节目，多播放一些中国减贫、发家致富类的电视剧，他们想学一学。

国外还有一些人不远万里来到中国学习经验。2022年4月，浙江临安白牛村党委书记收到了一封信，这是墨西哥青年安德烈斯写来的。他在信中说："我写信来谢谢你们，因为白牛村，我找到了一生挚爱的事业。"他所说的事业其实是电商。原来，2019年，安德烈斯参加了一个全球数字经济人才的项目组，当时来到了中国的"电商示范村"白牛村。数字经济赋予这个小山村的活力，让安德烈斯颇为震惊。之前村民们要背着上百斤的核桃，走上十几里的山路到城里去卖这些核桃。现在却变身成为包揽加工、包装、销售一条龙产业的电商大户。他亲眼看到了一个普普通通的中国农民，在数字经济的加持下，实现了致富梦想。安德烈斯活学活用，把中国农村电商经验带到了一万多公里之外的家乡，在墨西哥发起了数字乡村项目。三年来，漂洋过海的中国农村电商模式，在美洲大地上生根发芽，约1500家墨西哥微型企业走上了电商之路。

当前，有越来越多的人点赞中国式现代化的理念和倡议，呼吁其他国家借鉴和响应。比如，瓦加斯基金会巴西－中国研究中心主任埃万德罗·卡瓦略认为，中国制定的各项政策，始终以人民为中心，这点值得各国借鉴学习。巴基斯坦驻联合国大使阿克拉姆认为，中国追求与自然和谐发展的模式，特别值得学习。

其实，中国式现代化所积累的成功经验还有很多，这些经验不仅能够提供一些方法上的启迪，还能以经验丰富世界现代化理论，为人类实现现代化提供了新的选择。

第四，中国式现代化不断丰富和发展人类文明新形态。

历史证明，人类文明之所以繁盛，是因其多样，之所以进步，是源于文明间相互沟通、相互启迪。产生于印度的佛教在传入中国以后，与中国儒家文化和道家文化融合发展，最终形成了具有中国特色的佛教文化，对中国人的哲学观念、文学艺术、礼仪习俗等方方面面都产生了深刻的影响。而传统中国也向世界贡献了中华文明。埃及文物部前部长达马提说道："阿拉伯有一句谚语'求知，哪怕远到中国'。古丝绸之路见证了阿拉伯文明与中华文明在相互交融中实现共同繁荣的盛景。"

今天，人类文明要想更好地向前发展、进步，也同样需要各种文明彰显特色、贡献智慧。

中国式现代化一开始就是以自身独有的文明特质展现于世界的。它既蕴含马克思现代性思想逻辑，也体现中华文明历史悠久的思想观念、人文理念、价值追求。比如说，中国式现代化坚持走和平发展道路，强调在发展自身的同时造福世界，主张推动构建人类命运共同体，其背后蕴含着的是中华传统文化中天下大同、协和万邦的文明意蕴。再比如，中国式现代化强调人与自然和谐共生，其背后体现着马克思主义“人是自然的一部分”这一观点，也体现着中华传统文化中的“天人合一”的理念。这些都对人类文明作出多方面的贡献。中国式现代化不仅丰富和发展了社会主义现代化理论和世界现代化理论，拓展了人类文明迈向现代化的途径，还丰富和发展了人类文明新形态。中国的快速发展已经成为人类文明进程中的一项重大成就，中国式现代化的成功经验将为更多国家和人民开辟通往美好未来的道路。

现在，我们能更深刻地理解开篇这句话——中国式现代化的奇迹，是中国的，也是世界的。中国对世界的影响，从未像今天这样全面、深刻、长远，而世界对中国的关注，也从未像今天这样广泛、深切、聚焦。中国是世界的中国，中国的发展与世界紧密相连，中国梦也与世界梦息息相通。未来之中国，将以更加开放包容的姿态拥抱世界，中国式现代化也必将与世界现代化交相辉映、相得益彰，共同创造更大的人类发展奇迹。

〔中央党校（国家行政学院）国际战略研究院　刘佳〕

4. 中国式现代化破解人类发展八大难题

现代化是18世纪以来的一个世界潮流，它是不同国家追赶、达到和保持世界前沿水平的行为和过程。在过去的近300年时间中，世界各国都在自觉或不自觉地经历着某种现代化过程。而如何实现现代化，既是一个重大的历史与现实问题，又是一个重要的理论与实践难题。

回顾世界现代化的历史进程可以看到，自工业革命以来，以发达国家为代表的世界现代化前沿先后经历了以工业化、城市化、民主化、理性化、福利化等为主要特点的第一次现代化，以及以知识化、信息化、绿色化、智能化、个性化等为主要特点的第二次现代化。

20世纪60年代以来，发达国家先后完成第一次现代化，建成发达工业社会，而后启动第二次现代化，开始向知识社会迈进。与此同时，发展中国家由于尚未完成第一次现代化，因而面临着同时推进两次现代化的严峻挑战。

长期以来，西方先行国家标榜自己为后发国家学习的样板，代表着人类发展的前进方向。不少发展中国家也寄望于通过照搬发达国家的现代化发展道路实现现代化，但因历史条件、基本国情、外部环境等客观限制而遭遇了各种困难和陷阱，未能成功进入现代化国家行列。特别是在进入21世纪后的20多年里，包括发达国家在内的全球经济增长乏力，各国内部社会问题凸显，国际局势动荡不安，世界乱象有增无减，人类发展遭遇空前难题，许多国家现代化进程面临严峻挑战。

与此形成对照，中国的现代化进程一枝独秀。经济总量上升至世界第二，历史性地消除了绝对贫困，全面建成了小康社会，开始向全面建设社会主义现代化国家进军。

中国现代化的成就举世瞩目，亦成为当今全球学界和政界热议的话题：中国式现代化正在努力破解人类发展种种难题，为人类发展道路提供新的选择。

和平发展：破解“丛林法则”与“霸凌主义”

当前，人类社会发展面临的第一个难题是，纵观世界现代化近300年的历史，西方先行国家的现代化无不建立在“血与火”的基础之上。无论是资本原始积累，还是原材料产地和商品市场拓展，对内的剥削和压迫、对外的侵略和殖民构成其国家现代化的重要基础和实现手段。这种现象在一些发达国家与欠发达国家之间的关系上迄今仍有体现。

人类社会发展面临的第二个难题是，时至今日，尽管受到国际条约的约束，国家现代化与暴力的结合已经变得十分隐蔽，但是西方发达国家依然依靠其传统优势地位和霸权掌控着国际秩序，并通过经济操控、政治干预甚至代理人战争等手段对世界其他国家和地区进行控制和利用，从而达到维系其领先地位的目的。今日，“霸凌主义”“单边主义”等已然成为一些发达国家的代名词。

西方先行国家现代化进程中的黑历史及其在当今世界的延续，有着特定的历史成因，但在根本上是资本主导逻辑下的必然产物。这种恃强凌弱、弱肉强食的“丛林法则”在一定程度上助推了西方先行国家的现代化进程，却成为其他国家实现现代化的巨大障碍。

中国式现代化坚持以和平发展作为实现现代化的根本遵循，既有历史渊源也有现实需要，符合人类社会发展的总体趋势与客观规律。

新中国成立前100多年的时间里，中华民族始终处于争取民族独立、人民解放、救亡图存的斗争中，现代化的努力举步维艰。这让中国人认识到，没有和平的发展环境就不可能实现现代化。

新中国成立后，中国进入现代化建设新的历史阶段，创造性地提出“和平共处五项原则”，并以此作为中国与世界交往的理论核心和实践指南。改革开放以来，中国科学把握“和平与发展”的时代主题，稳步推进国家的现代化建设并取得巨大成就。而今，面对全球日益突出的不稳定性和不确定性，面对全人类的诸多挑战，中国坚持共商共建共享的全球治理观，提出了构建人类命运共同体的倡议。

中国认识到的客观规律是，和平是发展的前提条件，发展是和平的重要保障。我们通过争取和平的国际环境来发展自己，又以自身的发展来维护和促进世界和平。面对当今世界百年未有之大变局，以人类命运共同体为认识基础的中国式现代化，为人类社会的发展提供了新启示。

开放合作：以“主动式全球化”拆除壁垒

人类社会发展面临的第三个难题是，当前正遭遇以保护主义和资源要素流动壁垒为特征的逆全球化挑战。

破解这一难题，中国的举措是积极推进包括全面开放战略和“一带一路”倡议、“区域全面经济伙伴关系协定”（RCEP）、“亚太自贸区”（FTAAP）等在内的新一轮全球化进程，努力构建开放、包容、普惠、平衡、共赢的经济发展新环境。

中国式现代化坚持以开放合作作为实现现代化的重要条件，有着深刻的历史原因。中国近代史最深刻的教训之一是闭关锁国会错失机遇。改革开放成为决定当代中国命运的关键举措。改革开放40多年来，中国紧紧抓住全球化发展机遇，在经济实力、科技实力、综合国力、人民福祉等方面获得巨大提升，同时为世界共同发展提供了巨大的动力和机遇。中国认识到，没有改革开放就没有中国式现代化道路的形成与发展。

可以说，中国近两百年的现代化历程，是从被动卷入世界现代化浪潮，到主动追赶世界现代化前沿的两百年，是从被动开放到主动推进全球化的两百年。过去，中国的改革开放经受住了历史的检验。未来，中国式现代化将以更加主动更加开放的思维拥抱世界。这是中国人民的历史抉择，亦是符合人类社会发展趋势的价值主张。

开放合作应以互尊互信为基石。相互尊重是交往合作的前提，也是建立相互信任的基础。近年来随着单边主义、民粹主义和逆全球化思潮的泛起，国际贸易摩擦加剧，地缘博弈色彩加重，国际社会的互信和合作受到严重侵蚀，这成为人类发展面临的第四个难题。

早在20世纪50年代，中国就创造性地提出互相尊重领土主权、互不侵犯、互不干涉内政、平等互惠、和平共处五项原则，一直奉行至今。“和平共处五项原则”超越了意识形态、社会制度、历史文化的差异，以其包容性和开放性得到了国际社会的广泛认可，有力地增进了国家间的信任，为国际关系的发展作出了重要贡献。

今日，中国仍将互尊互信置于国际交往的首要位置，高擎构建人类命运共同体旗帜，努力维护多边主义，积极推动全球治理变革，为建设相互尊重、公平正义、合作共赢的新型国际关系贡献中国智慧和中国方案。

创新协调：摆脱“跟跑”与“非均衡”模式

人类社会发展面临的第五个难题是，发展中国家采取简单模仿的“跟跑”模式，看到的是现代化国家的背影，现代化进程受制于人。

世界现代化的历史表明，是创新推动了世界现代化进程，也为国家现代化提供了战略机遇；抓住创新机遇的国家，才能保持世界先进水平或后来居上。现代化是追赶、达到和保持世界前沿水平的行为和过程，唯有创新引领，才可能实现由“跟跑”向“并跑”“领跑”的跃升，进而冲刺世界前沿。

中国式现代化坚持以创新协调作为实现现代化的根本路径，首先在于坚持创新在现代化建设全局中的核心地位。

新中国成立70多年来，特别是改革开放40多年来，中国仅用了几十年的时间，就在经济、社会、政治、文化、环境等诸多领域完成了西方国家用了200多年才走完的现代化历程，一个重要原因就是我们敢于改革创新，不断进行自我完善，成功破解了现代化道路上遇到的各种难题。

中国式现代化将理论创新、制度创新、科技创新、文化创新及其他创新相互联动，构建起全方位的国家创新体系，全力打造创新型国家。创新这一强大动力成功助推中国现代化实现历史性跨越，也为人类发展提供了新智慧。

人类社会发展面临的第六个难题是，单纯追求经济、政治等单一向度的、非均衡的现代化，最终难以持续；即使已经实现现代化的国家，也会因为忽视某一方面的发展不均衡而导致国家衰落。

世界现代化的历史特别是拉美、中东地区一些发展中国家的现代化历史表明，通过“跨越式”发展追赶世界现代化前沿的过程，必然会牵动整个社会发生剧烈变革，这就需要国家现代化所涉及的各个方面统筹协调、重点推进。

回顾中国近代史，自1840年以来中国现代化先后经历了以洋务运动、戊戌变法、辛亥革命、新文化运动等为代表的一系列现代化变革，但是仅仅在器物、制度或思想等单一向度上进行现代化改良，无法改变旧中国内忧外患、积贫积弱的悲惨命运。

新中国成立以来，中国共产党领导中国人民不断探索现代化道路，逐步从以物质层面的工业、农业、国防和科学技术“四个现代化”为战略重点过渡到物质和精神“两个文明”一起抓，进一步拓展到物质、政治和精神“三个文明”建设，再上升到经济、政治、文化和社会建设四位一体布局，进而升级为今天的经济、政治、文化、社会和生态文明“五位一体”总体布局。中国式现代化不仅在横向上统筹兼顾各个方面的协调发展，而且在纵向上综合平衡各个方面的发展差距，如着力缩小城乡差距、区域差距和贫富差距等，努力实现全方位的平衡协调、健康持续发展。

中国式现代化的内涵和战略框架是在建设和改革的具体实践中不断拓展、持续深化的；中国现代化进程是在统筹协调中逐步前进的。统筹协调、重点推进是中国实现跨越式发展、科学规避风险、有效化解各类矛盾的战略举措，是在充分总结、吸取世界现代化经验教训的基础上，结合中国的现实国情不断探索取得的宝贵经验，是中国式现代化的关键所在，也是世界现代化的宝贵财富。

稳定团结：化解政治动荡与民族矛盾

人类社会发展面临的第七个难题是，政治动荡与各式危机常常极大地破坏了国家和地区的现代化进程。

从世界范围来看，无论是西方先行国家还是亚非拉等后发地区，在其政治形势呈现出稳定状态时，都迎来了现代化建设的高潮期，反之，则是现代化建设命运多舛。

稳定团结是福、动荡分裂是祸，这是被人类历史反复证明了的客观事实，是纵观世界各国现代化进程得出的深刻启示。稳定不仅是实现现代化的基础保障，也是现代化建设的主要目标之一。

稳定的发展环境涉及政治稳定、经济稳定、社会稳定等诸多方面，其中政治稳定居首要位置。

历史上中国现代化进程的延误与迟滞，是长达百年社会动荡的结果。改革开放后现代化建设取得的历史性成就，则得益于这40多年稳定的政治和社会环境。40多年来，面对纷繁变化的发展形势，中国牢牢维护稳定这个大局，审慎处理改革、发展、稳定的关系，积极应对新问题新挑战，顺利推进了中国现代化建设。坚持稳定压倒一切的发展战略，是中国为世界贡献的历史经验。

人类社会发展面临的第八个难题是，各民族之间由于历史、文化、信仰等方面的原因，极易产生矛盾冲突，这会直接威胁国家稳定，严重影响国家的现代化进程。

当今世界，一些国家的民族矛盾、种族仇恨、宗教纷争等仍在继续，导致社会动荡、经济衰退乃至战乱频仍、人民流离失所，国家内部问题又常常演化为国际问题，牵动整个世界为之不安。

统览历史和现实不难发现，民族问题是多民族国家现代化进程中需要着力解决的突出问题。

中国自古以来就是一个多民族国家，各民族在长期的交往交流交融中逐步形成了中华民族多元一体的民族理论和民族政策。新中国成立70多年来，中国共产党始终将民族平等作为立国的根本原则之一，坚定不移地巩固发展民族团结，不断完善民族区域自治制度，着力构建平等、团结、互助、和谐的民族关系，走出了一条中国特色解决民族问题的正确道路，也为其他国家解决民族问题提供了中国方案。

进入新时代，中国共产党以“铸牢中华民族共同体意识”为民族工作的主线，领导团结全国各族人民携手推进现代化强国建设，为实现中华民族的伟大复兴贡献各民族的智慧和力量，这也为全人类破解发展难题提供了一把金钥匙。

中国式现代化的答案

梳理中国现代化的历史与现实，有针对性地对照世界现代化的发展历程，剖析当今世界面临的诸多难题，可以清晰地看到中国式现代化呈现出的鲜明特征：中国式现代化坚持以和平发展作为实现现代化的根本遵循，坚持以开放合作作为实现现代化的重要条件，坚持以创新协调作为实现现代化的根本路径，坚持以稳定团结作为实现现代化的基础保障。

如果说西方发达国家的现代化是一个时空拓展、自然演化的过程，那么发展中国家实现成功追赶的过程就必然是一个时空压缩、战略设计的过程。世界现代化的历史已经证明：简单照搬、机械克隆西方现代化的传统路径与模式，发展中国家是不可能赶上发达国家的。发展中国家的现代化不仅要遵循现代化的客观规律，而且要充分考虑自己的基本国情，通过创新发展模式、优化发展路径、科学合理地设计战略目标来追赶世界现代化的前沿，实现国家的现代化。

中国式现代化拓展了发展中国家走向现代化的途径，为广大发展中国家摆脱贫穷落后、走向繁荣富强提供了最生动的借鉴。在过去的近 200 年里，中国人民置身于世界现代化的浪潮之中，不断思考并探索中国式现代化道路，迎来了从站起来、富起来到强起来的伟大飞跃。过去的 70 多年里，特别是改革开放的40多年里，中国现代化取得了历史性成就，为世界所瞩目。中国式现代化是中华民族对人类发展作出的重大贡献。在中国特色社会主义新时代，我们将科学把握当今世界和当代中国的发展大势，充分借鉴吸收人类一切优秀文明成果，继续深化并拓展中国式现代化道路，为破解人类发展难题贡献更多的中国智慧与中国方案。

（原载《瞭望》2021年第1期　作者：中国科学院中国现代化研究中心　刘雷）

实践探索篇

5. 百年大党的现代化求索

流淌在骨子里的现代化基因

陆家嘴的大屏上，不断跳动的数字，展示全球金融市场的“上海价格”；张江的实验室里，科研人员凝神聚气，攀登“科创高峰”；东海之滨的洋山港内，塔吊林立、舟车穿梭，“无人码头”源源不断输出“中国制造”……这是肩负着打造社会主义现代化建设引领区重大战略使命的上海浦东的普通一天，也是中国现代化建设的生动截面。

上海的故事，也是中国现代化的故事。

回望历史，在 70 多年前的上海，曾发生过一场“意义不亚于淮海战役”的保卫战。

1949年上海刚刚解放，投机资本先后掀起“银元之战”“粮棉之战”。能不能管理好经济、管好城市，是中国共产党取得军事胜利后面对的新考题。中共中央和新生的人民政府，一方面加大打击投机炒作力度，收紧银根、征收税款；另一方面从全国各地向上海、北京、天津等大城市调运粮棉物资，敞开抛售、平抑物价，成功打赢“银元之战”“粮棉之战”。

“银元之战”“粮棉之战”所取得的决定性胜利，显示了从农村走向城市的中国共产党，有信心也有能力管好当时充满“现代特色”的大城市。

这是一个骨子里流淌着现代化基因的政党，既有远大的使命目标、稳定的政治领导力量，也有不断更新升级的治理能力、可行的发展战略。

现代化的基因，蕴藏在中国共产党的使命意识与人民立场之中。

“党的一大纲领，揭示了中国近代半殖民地半封建社会的基本矛盾，代表着社会的前进方向。”中国中共党史学会常务副会长龙新民说，这是在当时中国社会存在的数百个政党、政治社团中，没有其他任何一个政党、政治团体所能想到、所能提出、所能做到的。

在党的十九大通过的《中国共产党章程（修正案）》中，“现代化”是个高频词和关键词，党章总纲将推进现代化建设作为党要实现的三大历史任务之一。

始终坚持以人民为中心，是中国共产党区别于其他任何政党的一个显著标志。中共中央党校（国家行政学院）马克思主义学院教授李海青说，在求索现代化的过程中，不同于其他国家的政党搞党争“拳击赛”，中国共产党始终坚持一切为了人民、一切依靠人民，在不同阶段用不同方法，一棒接一棒地跑好现代化的“接力赛”。

现代化的基因，蕴藏在中国共产党对指导思想的高度重视与发展创新上。

马克思主义是被历史与实践反复证明了的科学理论。自诞生之初，中国共产党就把马克思主义写在了自己的旗帜上，将之作为立党立国的根本指导思想。

我们党始终把坚持马克思主义和发展马克思主义统一起来，立足国情不断推进马克思主义中国化，用发展着的马克思主义武装全党、指导实践。在新征程上，习近平新时代中国特色社会主义思想正是党保持统一的思想、坚定的意志、协调的行动、强大的战斗力的重要指引。

现代化的基因，蕴藏在中国共产党完善的领导机制与严密的组织特性之中。

“我们党是按照马克思主义建党原则建立起来的，具备严密的组织体系。这是世界上其他政党都不具有的强大优势。”中共中央党史和文献研究院院长曲青山说。

中国共产党拥有勇于自我革命、从严管党治党的鲜明品格。天津大学马克思主义学院院长颜晓峰说，党的十八大以来，以习近平同志为核心的党中央把全面从严治党摆上战略布局，强大的领导能力、严密的组织体系、严明的纪律规矩，正是推动中国现代化建设前行的重要保障。

现代化的基因，蕴藏在中国共产党持之以恒加强执政能力建设上。

从新民主主义革命时期建设革命根据地、探索局部执政经验，到新中国成立后，探索建设与发展社会主义；从改革开放以来，破除利益藩篱、搏击市场经济，到进入新时代后，引领全面小康、开启新征程，我们党在赶考路上，紧抓时代主题的变化，持之以恒地增强执政本领。

党的十八大以来，从20个字的好干部标准，到全面增强八种执政本领、提高七种解决实际问题的能力，党的领导干部从思想淬炼、政治历练、实践锻炼、专业训练入手，锤炼提升现代化治理的能力水平。

顶层设计回答时代考卷

中国共产党领导和推动中国现代化进程，一个重要方式是战略引领，制定或调整时间表和路线图。

70 多年前，中国共产党带领人民开始了社会主义现代化建设的艰辛探索。1954 年，第一届全国人民代表大会提出要实现农业、工业、交通运输业和国防“四个现代化”的任务。这一国家战略目标被写入党的八大所通过的党章。1975 年，在第四届全国人民代表大会上，周恩来在政府工作报告中，根据毛泽东“把国民经济搞上去”的指示，重申于三届全国人大提出的“四个现代化”的目标和“两步走”的设想。

1979 年，邓小平提出了小康——这个“中国式现代化”的目标。1987 年，党的十三大制定了社会主义现代化建设“三步走”的战略部署。1997 年，在“三步走”战略基础上，党的十五大提出新“三步走”战略，并首次提出“两个一百年”奋斗目标。2002 年，党的十六大报告把“全面建设小康社会”作为本世纪头 20 年的奋斗目标。

2012 年，党的十八大把这一目标修改为“全面建成小康社会”，赋予了“小康”更高的标准、更丰富的内涵，并发出向实现“两个一百年”奋斗目标进军的时代召唤。

2017 年，习近平总书记在十九大报告中提出，在 2020 年全面建成小康社会以后，再分两步全面建设社会主义现代化国家的全新战略安排，丰富了“两个一百年”奋斗目标的内涵。

2020 年，党的十九届五中全会对“十四五”规划和 2035 年远景目标作出了具体部署，完整勾画出建设现代化强国的时间表和路线图。

“我们最终要实现的现代化的质量，已经远远高于最初的设想，与‘两个一百年’的奋斗目标以及实现中华民族伟大复兴的中国梦，深深融合在一起。”中共中央党史和文献研究院原院务委员陈晋说。

远大的目标、宏伟的蓝图，百年大党的初心使命，浓缩其中。

“只有在中国共产党领导下，如此宏大的国家战略意图才能一以贯之、与时俱进地推进。”颜晓峰说。

中国共产党对现代化的求索，是个不断探索、渐进积累、逐步扩展的过程。中国的现代化发展既始终坚持以经济建设为中心，又逐步拓展到全面推进经济建设、政治建设、文化建设、社会建设、生态文明建设以及其他各方面建设。

重大战略必须通过具体的战术来实现。

1953 年至今，从“一五”计划为我国工业化奠定初步基础，到“十一五”建立起门类齐全的工业体系；从新中国刚成立时年人均 GDP23 美元，到“七五”计划后基本解决了温饱问题；从“九五”末期人民生活总体达到小康，到“十三五”时期全面建成小康社会，再到“十四五”时期开启新征程……

14 个五年规划（计划）的接续奔跑，既是日积月累，也是日新月异，标注出中国现代化建设的路标，也是中国制度优势的生动体现。

“作为现代化的领导者，中国共产党始终坚持马克思主义基本原理与中国具体实际的辩证统一，战略规划思维更加科学，顶层设计能力不断提升。”李海青说，在现代化的接力跑中，我们党既坚持长远的战略目标不动摇，又根据发展形势实事求是地调整中期目标和短期规划，让长期、中期、短期有机结合、滚动式向前发展。

紧紧扭住发展生产力这个关键

“杂交水稻”筑牢我国粮食安全的基础，“高速铁路”见证了中国速度，“特高压技术”为推动我国构建全球能源互联网提供了高效低碳的重大原创科技支撑，“第五代移动通信技术”让中国在万物互联的赛道上成为世界领先，“完整工业体系”有效地提升了中国发展的韧性，“线上经济”为我国经济结构转型和产业融合升级拓展了路径……2020 年末，中国生产力学会评选出中国生产力发展十大标志性成就。在科技创新、体制机制变革、制度创新的催化下，社会生产力，这一现代化发展的核心要素，正在迸发澎湃生机。

“掌握了中国现代化主导权后，如何更快地解放和发展生产力，是中国共产党建设中国的逻辑起点，也是始终不渝追求的目标。”中国社会科学院当代中国研究所研究员武力说，我们党始终将生产力的发展放在第一位，作为最主要衡量指标。

发展生产力要从解放束缚生产关系的体制机制变革中要动力。中国共产党成立后，从1927年开始，选择了农村包围城市战略，进行土地革命。到1952年底，土地改革在中国大陆基本完成。土地革命让存在两千多年的封建土地所有制彻底摧毁，大大激发了人们的劳动积极性，创造了农业经济恢复发展的奇迹。随后，社会主义改造在较短时间内完成，中国迅速建立起社会主义基本制度。从“一五”计划起步，中国逐步建立起独立、完整的工业体系、国民经济体系，夯实了生产力发展的物质基础。

改革开放以来，“社会主义的本质是解放和发展生产力”凝聚起全社会最广泛的共识。以市场经济体制改革为突破口，生产力发展的体制障碍被一一击破。在农村，家庭联产承包责任制将劳动力从集体生产中解放出来；在城市，放权让利的体制变革在各个领域展开，人的创造力空前迸发。以开放心态拥抱世界，科学技术水平不断提升，“中国速度”日益刷新。

进入新时代，从“有没有”到“好不好”，从“旧动能”到“新动能”，从“积累量”到“提升质”；从党的十八届三中全会部署全面深化改革，到党的十九届四中全会聚焦国家治理体系和治理能力现代化；从党的十八大把创新“必须摆在国家发展全局的核心位置”，到十九届五中全会的“现代化建设全局中的核心地位”、“十四五”规划建议着重强调科技创新和自立自强……以高质量发展为主题，以全面深化改革为生产力发展扫清障碍、创造条件，大力实施创新驱动发展战略，为生产力发展注入了澎湃动能。

同时，我们党不断丰富拓展着生产力的内涵。

生产力发展增加了更多的绿色。党的十八大以来，以习近平同志为核心的党中央把绿色作为五大发展理念之一，提出保护生态就是发展生产力。从长江沿岸“共抓大保护、不搞大开发”，到推进黄河流域生态保护和高质量发展；从全面打响蓝天、碧水、净土三大保卫战，到扎实推进美丽中国建设……中国“绿色生产力”发展已成为新发展理念的重要组成部分。

生产力发展更加注重统筹协调，不断增强发展整体性、联动性。布局京津冀协同发展、长三角一体化发展等几大区域发展战略，让生产力发展有了更为均衡的平台；批复成立上海、广东等 21 个自由贸易试验区，支持深圳建设中国特色社会主义先行示范区，建立国家综合配套改革试验区，因地制宜进行多样化探索，让生产力发展的制度创新燎原铺展；提出“一带一路”倡议，实行高水平对外开放，为生产力可持续发展打开了更广阔的市场……一系列宏大战略规划的实施，为生产力长远发展开拓空间。

着眼未来，党的十九届五中全会指出了我国发展存在的短板弱项。补短板，强弱项，将是进一步解放和发展生产力的重要任务。

抓住主要矛盾接续奋进

2020年7月到9月，习近平总书记主持召开了三场座谈会，从企业家座谈会到经济社会领域专家座谈会，再到科学家座谈会，都谈到突破关键核心技术。

“在关键领域、卡脖子的地方下大功夫”“把科技成果充分应用到现代化事业中去”，正是瞄准制约我国科技创新和经济发展突出的短板而去的。

“现代化建设必然面对一系列矛盾。”中共中央党校（国家行政学院）一级教授韩庆祥说，中国共产党抓住不同时期我国经济社会运行的主要矛盾和矛盾的主要方面，制定实施正确的路线图，推动着社会生产力向前发展。

新中国成立初期，我们党抓住建立先进的工业国的要求同落后的农业国的现实之间的矛盾破局。

在贫穷落后、人口众多的农业国家里搞现代化，没有现成的方案。1956 年，党的八大将“人民对于建立先进的工业国的要求同落后的农业国的现实之间的矛盾，人民对于经济文化迅速发展的需要同当前经济文化不能满足人民需要的状况之间的矛盾”确定为当时的社会主要矛盾。

中国社科院马克思主义研究院副院长辛向阳说，这 时期，中国共产党抓住先进的社会主义制度同落后的社会生产力之间的矛盾，带领人民尽快把中国从落后农业国变为工业国。

1953 年，我国制定第一个五年计划，用 156 个工业项目开启了工业化之路。成立第一到第八机械工业部，建立起完整的工业化体系；全国人民勒紧裤腰带，独立自主研制出“两弹一星”；用中国农民耳熟能详的“土、肥、水、种、密、保、管、工”八个字指导生产，建设了红旗渠等一批水利工程和农业基础设施……新中国成立后 30 年间，中国从农业国变成工业体系完备的国家，为社会主义现代化奠定了宝贵的物质基础。

改革开放时期，党始终抓住人民日益增长的物质文化需要同落后的社会生产之间的矛盾。

“这一时期，落后的社会生产力仍是制约社会主义现代化的主要因素，但矛盾的主要方面已经从‘工业立国’转为‘发展富国’。”辛向阳说，面对这一矛盾，党带领人民对内改革、对外开放，不断完善和发展中国特色社会主义制度。

从18个“红手印”拉开中国农村改革大幕，到深圳特区“杀出一条血路”；从改革开放后第一张个体工商业营业执照，到简政放权中封存公章；从鸡毛换糖的个体户到世界500强企业；从一颗高铁螺丝钉也要从国外进口，到国产大飞机飞出“中国速度”……改革开放赋予了中国发展充沛不竭的动力与机遇，推动社会主义现代化建设全面提速。

进入新时代，党始终抓住人民日益增长的美好生活需要和不平衡不充分的发展之间的矛盾。

党的十九大作出了我国社会主要矛盾已经转化为人民日益增长的美好生活需要和不平衡不充分的发展之间的矛盾这一重要判断。

“当前，发展不平衡，主要是各区域各领域各方面存在失衡，制约了整体发展水平提升；发展不充分，主要是我国全面实现社会主义现代化还有相当长的路要走。”韩庆祥认为，进入新时代，现代化建设面临的主要矛盾体现在发展质量上，而矛盾的主要方面在供给侧。

“对此，我们党以供给侧结构性改革为主线，推动经济发展质量变革、效率变革、动力变革，破解发展难题。”辛向阳说。

在多位受访者看来，进入高质量发展阶段，需要用系统全面的眼光认识社会主要矛盾变化，更加注重发展质量和效益的提升，以更加平衡更加充分的发展满足人民美好生活需要。

为了人民的现代化

李东东，是陕西延安安塞人，一家 6 口祖孙三代，却有 5 个病人，生活过得艰难。

作为建档立卡贫困户，精准脱贫给了李东东家希望，妻子做手术，报销 90% 的医疗费，政府送药上门，患脑瘫的儿子被送到延安的特殊学校就读，学费全免还有生活补助。李东东参加了当地旅游扶贫项目——励志扶贫艺术团，打腰鼓、唱道情，日子越过越好。

延安，是中国共产党的红色摇篮。1945 年，毛泽东与黄炎培在这里的“窑洞对”，发出了“历史周期率”的警示。

如何跳出周期率？中国共产党将“一切为了人民、一切依靠人民”写在了答卷上。

如今，不仅是延安，经过 2012 年以来 8 年的持续努力，中国现行标准下农村贫困人口已全部脱贫，贫困县已全部摘帽，近1亿农村贫困人口摆脱了绝对贫困。

“在中国共产党的领导下，建设社会主义现代化国家的目标始终与人民的需要紧密结合。”中共中央党校（国家行政学院）教授辛鸣说。

从新中国成立初期，解决人民的吃饭问题，到改革开放之后，解决人民的发展问题，与西方发达国家少数人享受现代化成果不同，中国的现代化不仅是总体上的现代化，更是最广大人民的现代化。我们党不仅关注人民对物质文化生活方面的更高要求，更关注人民在民主、法治、公平、正义、安全、环境等方面日益增长的需要。

随着经济社会的快速发展，一系列推进知识技能现代化的举措不断推出。从三次大规模的扫盲运动，到中国的教育体系逐步建立发展，再到建设高质量教育体系，中国教育的总体水平已迈进世界中上行列，亿万人民可以通过教育改变命运，实现完善自身、创造美好生活的愿望。

卫生健康事业的不断发展，同样为人的现代化提供了坚实的资源保证。“十四五”规划建议起草期间，正值新冠肺炎疫情肆虐之际，暴露出我国在重大疫情防控体制机制、公共卫生体系等方面的短板。为此，规划建议中有关公共卫生体系建设的论述篇幅，占到“全面推进健康中国建设”内容的一半以上。

富裕起来的人们，还希望天更蓝、水更清。家住山西省太原玉泉山脚下的市民常春生没有想到，前几年家门口还曾是污染严重的废旧矿山，如今已经变成了大花园，村民开起农家乐、采摘园，靠着青山绿水也能致富。

烽火28年，执政71载，中国共产党与亿万人民紧密相连。时代场景在变，但人民的奋斗不变、力量不变。

腰悬吊索，悬崖峭壁上凿出红旗渠；隐姓埋名，大漠戈壁中托起“两弹一星”；背包进城在流水线上写下“中国制造”；高铁飞奔的中国速度、蛟龙潜海的中国深度、嫦娥登月的中国高度……沧桑巨变、快速发展，14亿人小康梦圆，背后都是人民的不懈奋斗。

千人同心，则得千人之力。在中国共产党的带领下，人民的奋斗与智慧将一个个“不可能”变成了“可能”。百年大党的现代化求索之路，带着一切为了人民的初心，凝聚起14亿人民的同心，越走越宽阔。

（原载《瞭望》2021年第1期　《瞭望》新闻周刊记者袁元、张程程、张康喆）

企业实践案例

深耕航空温控物流“新生态”
海尔生物医疗科技自立守护健康中国

中国式现代化是实现高质量发展的现代化。实现科技自立自强、建设现代化经济体系、提升产业链供应链韧性和安全水平是实现中国式现代化课题中的应有之举，而人民健康则是中国式现代化课题中的应有之义。

“健康中国”战略为实现中国式现代化提供了最重要的健康保障，也为生物医药产业发展带来新机遇，并带动了航空温控物流产业的快速增长。海尔生物医疗作为中国主动式航空温控物流解决方案领域的“探路者”，通过不断强化产业链上下游联动，加快核心装备关键技术攻关和产业化发展，走出了一条颇具中国特色的产业升维之路，也为中国生物医药产业发展注入了新势能。

乘生物医药产业“东风”　航空温控守护健康中国

党的二十大报告指出，推进健康中国建设，把保障人民健康放在优先发展的战略位置。其中，生物医药作为健康中国建设的重要基础，在《“十四五”生物经济发展规划》被列为四大重点发展领域之首，是关系国计民生和国家安全的战略性新兴产业，已经成为新一轮科技革命关注的新兴赛道。

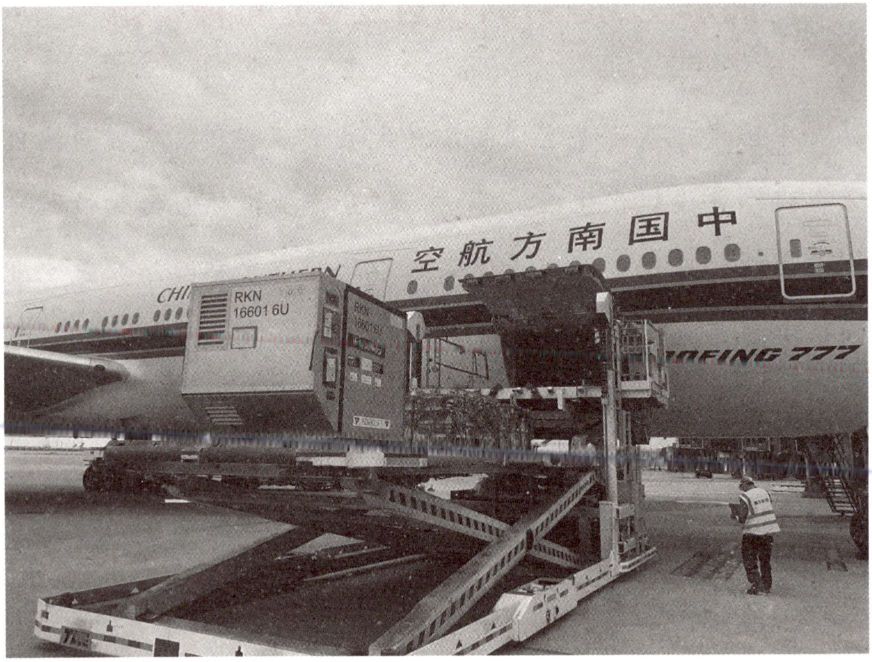

★ 我国主动式航空温控集装箱完成国内首飞

生物医药一头连着国家大计，另一头连着的是百姓民生。近年来，人们对于健康和长寿的需求越来越大，而生物医药凭借在重大传染病、肿瘤及慢性病防治等领域展现出的巨大应用潜力，其重要性愈发凸显。

据悉，我国生物医药产业的发展方向主要包括生物治疗药物（如肿瘤治疗），生物预防药物（如疫苗）、生物诊断药物(如基因诊断试剂)、其他生物制剂(血液制品等)。党的十八大以来，我国生物医药产业取得长足发展，预计2024年中国生物医药行业市场规模将接近5万亿元。与此同时，近年来我国不断加强生物创新药品研究，在研的生物创新药数量居全球第二。

随着国内生物医药产业的蓬勃发展，中国的生物制药企业出海成趋势，开始在全球舞台上崭露头角，同时叠加海外生物医药的进口需求，使得我国生物医药冷链运输需求水涨船高。据中物联统计数据显示，仅2021年我国冷链药品市场规模约达到5789.72亿元，同比增长48.32%，占全球比重进一步提升，达到19%，市场增速领跑药品整体市场。

不同于一般药物，生物医药普遍对于运输温度十分敏感，举例来说，大分子生物制剂和基因治疗等专用药物在整个运输过程中都需要精确温控，如果有稍微偏差，都可能使药物失去治疗价值。因此，确保这些温敏的生物医药保持由始至终高效的温控物流，对于产业发展同样至关重要。

国际航空运输协会(IATA)在最新的"货物战略"文件称，大部分的温度敏感的医疗和生命科学产品将以航空运输形式出现。相关数据同样显示，目前生物医药在航空冷链物流中占比最高，约为37%。航空冷链物流已经成为生物医药等温敏物资的运输首选。其中，主动式航空温控集装器作为航空冷链运输不可或缺的载体，凭借控温精准、性能稳定的特点，可以满足更多疫苗、医药等温度敏感的生物医药产品运输需求，逐渐打开了生物医药产品航空运输的广阔市场。

但与此形成鲜明对比的是，由于行业门槛高、技术难度大，我国航空温控产业领域起步晚，目前生物医药国际冷链运输中大多使用的是国际品牌。中国生物制药企业想要走出国门，采用主动式温控物流方案时，不仅可选择的范围十分有限，还极易造成企业研发方向、产能、分发渠道等关键敏感信息泄露，对我国生物医药的供应链安全稳定造成不可预估的风险。因此综合来看，主动式航空温控集装器的国产化已经迫在眉睫。

突破技术垄断 科技创新提升生物医药供应链韧性

在新一轮全球产业重构背景下，自主可控的航空温控物流产业对我国包括生物医药等在内的产业链供应链安全起到关键作用。而增强产业链供应链韧性，提升产业链供应链的现代化水平关键在创新。可以说，主动式航空温控集装器作为航空温控物流中安全性高的运载设备，其装备技术自主创新能力的高低，不仅关乎我国航空温控物流产业的发展，也在一定程度影响着生物医药产业链供应链的安全与稳定。

我国航空温控物流产业起步较晚，近30年，国内主动式航空温控物流装备及服务市场一直被进口品牌垄断。此外，由于主动式航空温控物流装备研发领域产业投资高、风险大、技术难，因此一直以来鲜有国内企业破局。

面对机遇与挑战并存的主动式航空温控物流装备产业，以海尔生物医疗为代表的本土企业，选择迎难而上，从“0”到“1”攻克了制冷系统、温控系统技术等重重难题，翻越了技术、标准、供应链三座大山，实现了主动式航空温控集装器的关键核心技术自主可控，制造出了拥有中国完全自主知识产权的主动式航空温控集装器。相较行业同类产品，它在温度均匀性显著提升的同时，续航时间延长了约50%，能够

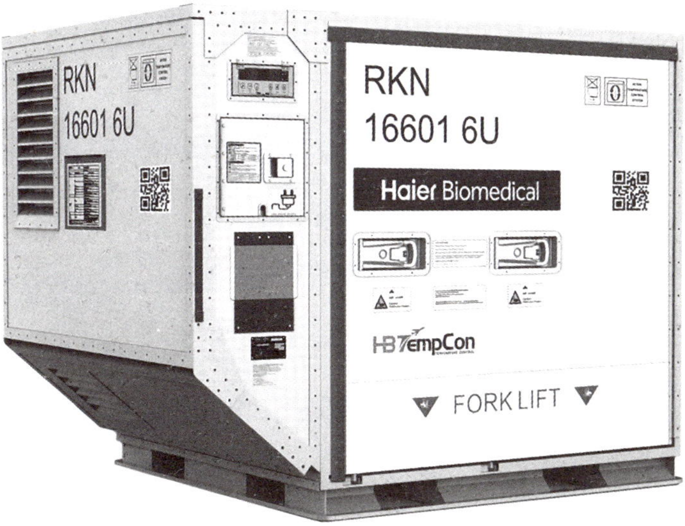

★ 海尔生物医疗自主研发主动式航空温控集装箱

更好地满足包括生物医药等在内的高价值温敏物资运输的节能环保要求。

2022 年 9 月，海尔生物医疗旗下专门从事航空温控业务的子公司—青岛鸿鹄航空科技有限公司，联合青岛中远海运空运、南航物流，圆满完成了“中国上海－德国法兰克福”的飞行任务，正式开通我国自主研发的主动式航空温控集装箱首条国际航线。这是中国主动式航空温控集装箱初次亮相国际空运，标志着中国高端航空温控方案正式走向世界，而这也充分证明了我国在航空温控物流装备产业上具备科技自立自强的基础和条件，拓展了中国式现代化体系建设发展空间。

★ 我国主动式航空温控集装箱首条国际航线成功开通

要知道，航空温控物流产业不仅参与主体多元化，链条衔接也异常复杂。我国主动式航空温控物流装备实现技术突破的同时，以海尔生物医疗为代表的行业入局者们也清楚意识到，只有构建完备的产业体系，才能形成全面快速发展的强大动力。为此，海尔生物医疗联合药企、航空公司、机场、货运代理、货站、MRO等航空温控物流领域中的上下游生态，打造了亚太区域首家覆盖全球的远距离温控运输生态平台，并逐步建成覆盖全链条的航空温控物流服务生态及成熟的业务模式。

依托这个平台，目前以鸿鹄航空科技为代表的企业，已布局完成覆盖中国北上广深港等重点城市和欧洲、北美、亚太等地区的运维网，并与南航物流、东航物流等多家航空公司签订合作协议，推动中国高端航空温控物流产业迈进更高层级的发展阶段。

强基础补短板　开放生态绘就航空温控物流产业新画卷

我国《"十四五"航空物流发展专项规划》提出，到2025年，中国民航将初步建成安全、智慧、高效、绿色的航空物流体系。其中，航空温控物流产业作为航空物流体系中重要的一环，纵然已经正式起步发展，但依然存在数量偏少、市场知名度不高、适航互认不全等短板等问题，严重影响了温敏货物运输的时效性、全程冷链的可控性、数据的实时可见性等，这些都是我国航空温控物流产业急需补齐的短板。

区别于传统点对点的单一运输方式，航空温控物流产业需要航空公司、机场、货运代理、地面交通等共同协作，其中任一环节出现问题或衔接不畅，都会造成“断链”，进而影响货物品质和交付时间。也正因为此，通过主动式航空温控物流装备的核心技术攻关、制造及应用，带动整个航空温控物流产业链上下游协同发展并升级，对于推动我国航空温控技术、产品和服务的高质量发展意义重大。

因此可以这样理解，在眼下全球化的市场竞争格局中，中国航空温控物流产业面对的，早已不再是由海尔生物医疗等航空温控物流装备制造商主导的企业层面竞争，而是全球价值链的竞争，包括供应链上下游体系、产业配套基础设施等，只有构建一个资源共享、创新合作的全球一体化开放式航空温控物流产业生态平台，才能聚合更多航空温控产业上下游的生态力量，加快培育覆盖全球的航线网、运营网和维护网，实现我国航空温控物流产业的可持续发展。

我国主动式航空温控集装器从研发到投入市场应用不过短短的一年多时间，跑出了中国自主创新科技的“加速度”，但是想要进一步增强自主可控的能力，提高国产主动式航空温控物流装备在全球范围内的竞争力和影响力，仍然需要国家政策的大力支持，引导企业紧密围绕政策导向开展专项技术攻关。

只有越来越多的企业、高校、科研院所参与到主动式航空温控物流装备的创新研发体系中，才能真正实现我国航空温控装备技术从研发创新到规模化的应用。也只有这样，才能撬动更多社会资源踊跃投入我国航空温控物流产业建设中，聚力强化基础原材料、核心零部件等产业链上下游协同发展，同步加速推进物流配套服务及基础设施标准体系构建，带动我国航空温控物流产业的创新链、价值链、产业链的拓展和延伸。

从长远来看，伴随更多优质生态涌入全球一体化开放式航空温控物流产业生态平台的建设中，中国必将实现从航空温控装备输入国到输出国的“完美转身”，并为全球生物医药企业提供更可靠、更安全、更稳定的中国方案。

而从技术突破到生态共建，中国航空温控物流产业也在不断为全球航空温控物流产业注入新动能，这不仅有利于加快我国生物医药企业高质量“走出去”，甚至“走进去”“走上去”的步伐，也将加速构建生物医药行业发展的国际化桥梁，为推动构建人类卫生健康共同体作出更多中国贡献，让生命更美好。

6. 独立自主探索中国式现代化新途

小康成果惠泽世界

2021 年 6 月 25 日 10 时 30 分，高原“绿巨人”复兴号动车组从拉萨缓缓驶出，奔向 435 公里外的“雪域江南”林芝，标志着拉林铁路正式开通运营。

这条全长 435.48 公里的铁路，位于青藏高原冈底斯山与喜马拉雅山之间的藏东南谷地，90% 以上的线路在海拔 3000 米以上，16 次跨越雅鲁藏布江，沿线山高谷深，相对高差达 2500 米，施工难度极大。

拉林铁路让西藏告别了没有电气化铁路的历史。至此，中国的“复兴号”动车组实现了全国 31 个省区市的覆盖。

全面小康，交通先行。

从塞北风区，到岭南山川……近年来，越来越多的地方填补了“高铁空白”。截至2020年底，我国高速铁路运营里程达3.79万公里，稳居世界第一。数以亿计的中国人搭乘高铁，飞驰在全面建成小康社会的大路上。

不断刷新纪录的中国高铁，以更稳更快的步伐“走出去”。土耳其第一条高铁、印尼第一条高铁、俄罗斯第一条高铁……都有中国企业的身影，高铁已经成为中国“走出去”的响亮名片。

全面小康，改变了中国的命运，也让全世界分享到更多中国发展红利。

为人类反贫困历史书写新的篇章。

消除贫困是当今世界面临的最大全球性挑战之一。一部全面小康社会建设史，就是一部新中国反贫困斗争史。

“小康不小康，关键看老乡。”党的十八大以来，党中央把脱贫攻坚摆在治国理政的突出位置，把脱贫攻坚作为全面建成小康社会的底线任务，组织开展了波澜壮阔的脱贫攻坚人民战争。

历时8年，现行标准下9899万农村贫困人口全部脱贫，区域性整体贫困得到解决，完成了消除绝对贫困的伟大壮举。

在全面建成小康社会中，中国提前10年实现了《联合国2030年可持续发展议程》的减贫目标，是全球最早实现减贫目标的发展中国家。按照世界银行国际贫困标准，改革开放以来，中国减贫人口占同期全球减贫人口70%以上。联合国秘书长古特雷斯称赞“中国是为全球减贫作出最大贡献的国家”。

为世界经济增长提供强劲动力。

有这样两组数据对比：

1978年，中国国内生产总值3679亿元，位居世界第十位，占世界经济总量的1.8%。

2020年，中国国内生产总值突破100万亿元，稳居世界第二，占世界经济的比重达到17%左右。

数据变化，折射的是令人惊叹的中国经济发展成就。短短几十年间，中国从一穷二白变身为世界第二大经济体，从落后的农业国发展成为世界第一制造业大国，从温饱不足奔向全面小康。

发展自己，造福世界。

从1978年的2.3%，到如今连续多年超过30%，这是中国对世界经济增长贡献率的飞跃。入世、世界工厂、自贸区、进博会、“一带一路”、推动经济全球化……这一个个热词，见证了中国逐渐成为全球增长“火车头”的成长之路。

为全球治理贡献中国方案。

当今世界正处于百年未有之大变局，各种问题和矛盾凸显。特别是经济全球化遭遇逆风，世界经济长期低迷，发展鸿沟日益突出，分配不公随处可见，恐怖主义、极端主义等全球性挑战此起彼伏，民粹主义、保守主义等各种社会政治思潮交锋激荡。

“世界怎么了，我们怎么办”，是整个世界都在思考的时代之问。

随着小康建设进程的推进，中国的经济实力、综合国力、国际影响力不断提升。中国开始以更加积极作为、敢于担当的姿态，为推动人类社会的发展进步贡献智慧。

特别是党的十八大以来，中国为全球治理提供了越来越多的国际公共产品，从理念层面、制度层面再到物质层面，中国正逐步成为全球治理体系改革的积极参与者。

2017 年 1 月，习近平主席在联合国日内瓦总部发表《共同构建人类命运共同体》的演讲，向世界郑重宣布了回答时代之问的中国方案，并强调指出：“理念引领行动，方向决定出路。”随后中国积极实施“一带一路”倡议，从而把人类命运共同体理念付诸行动。

如今，“一带一路”建设逐步与沿线各国政策和发展战略对接，深化务实合作，开辟互利合作共赢的新天地、新方式、新路径。

打破“现代化等于西方化”的迷思

“资本主义与市场经济为中产阶级提供了进步机会，但这个体系如今已经破败。”这是法国总统马克龙今年 1 月在以视频方式参加达沃斯世界经济论坛时发出的感叹。

除了在控制疫情方面表现不佳，让马克龙有感而发的，还有资本主义与生俱来的各种制度缺陷随着时间推移愈发凸显，比如贫富差距拉大。

据统计，2020 年 3 月 ~ 12 月，美国亿万富翁们的财富增加了 1.1 万亿美元；全球富豪前 10 名，其财富增加了 5400 亿美元。而与此同时，美国却有 800 万人返贫，2000 万人失业，1000 万人陷入饥饿，排队领取免费食物。

一个国家如何走向现代化，是一个世界性课题。

从历史上看，发展中国家的现代化方案基本上是依据发达国家的经验设计出来的。

但事实表明，不少发展中国家照搬西方模式，不仅没有实现现代化，反而失去了发展自主性，错过了发展机遇期，进而落入了发展陷阱。

根据世界银行的统计，在 1960 ~ 2008 年间，世界上先后有 101 个经济体进入中等收入阶段，但最终只有 13 个实现了向高收入经济体的跨越。绝大多数国家和绝大多数人口并没有通过西方现代化模式摆脱贫困。

人类实现现代化，并不是一道单项选择题，需要有更多种可能。

踏着小康建设的鼓点，中国开启了自己的现代化摸索之路。这条路，吸收了西方发达国家许多先进的发展经验，同时依据国情大胆创新，在现代化的价值选择、现代化的发展方式和制度安排、现代化目标的构建和评判标准等方面克服了许多西方现代化方案所存在的弊端。

例如，在西方的现代化进程中，“市场”与“政府”的关系问题始终是一道难题。

中国在现代化建设中，对这一问题的认识逐渐走向成熟，认为二者是有机统一的，不是相互否定的。既强调市场在资源配置中起决定性作用，也强调更好发挥政府作用，进而在实践中创造了“社会主义市场经济”的伟大理论。

实践证明，通过独立探索符合本国国情的现代化道路，中国用短短几十年的时间，在很多方面取得了西方国家上百年甚至数百年发展才取得的成就，从“现代化的迟到国”，变身为“世界现代化的增长极”。

“中国通过全面建设小康社会，探索出一种可资借鉴参考的现代化新模式，让许多想发展、要发展的国家看到另一种方式是可能的。”中国国际经济交流中心首席研究员张燕生说。

提供更多现代化启示

截至2015年，世界上共有约20个发达国家和10亿人实现现代化。而中国要实现现代化的人数超过发达国家总和，难度之大、挑战之多，不难想象。

解放思想，实事求是，以人民为中心，对内改革，对外开放，独立自主，融入世界，构建人类命运共同体……回顾小康路上刻写下的这一个个“现代化关键词”，浓缩了中国人民的发展智慧，也给其他发展中国家走向现代化提供了更多启示。

启示一：必须要立足本国国情，同时也要吸收外部经验。

在众多现代化后来者当中，为什么人口最多的中国能实现全面小康？一条重要的成功经验就是实事求是，因地制宜，创新发展。

中国科学院中国现代化研究中心主任何传启认为，一个国家选择什么样的现代化途径，就是既要尊重现代化规律，也要尊重本国的历史、文化、传统和国情。要独立自主、坚定不移地坚持走自己的路，始终注重本国发展道路的独立性、自主性和主体性。只有这样，本国才能获得其生存发展的主动权、主导权。

因此，中国坚定选择了马克思主义，选择了中国共产党的领导，选择走社会主义道路，选择了改革开放。

对后来者而言，学习先行者的成功经验十分必要。但学习不等于套用，一些发展中国家正是因为简单用西方的“鞋”套本国的“脚”，不但没有解决好自身发展问题，反而导致两极分化、经济停滞等问题，迟迟未能进入现代化国家行列。

启示二：始终将发展作为解决一切问题的基础和关键。

改革开放之初，面对我们这样一个人口多、底子薄、发展还很不平衡的国家，党中央坚持发展是硬道理的战略思想，聚精会神搞建设，一心一意谋发展，满足人民日益增长的物质文化需要。

邓小平说过：“社会主义初级阶段的最根本任务就是发展生产力，社会主义的优越性归根到底要体现在它的生产力比资本主义发展得更快一些、更高一些，并且在发展生产力的基础上不断改善人民的物质文化生活。”

在全面建成小康社会的过程中，也曾遭遇过各种内外部困难与挑战，但党中央始终坚持发展是解决一切问题的基础和关键，始终坚持发展中的问题只能靠发展来解决。

启示三：始终注重在提高效率的同时兼顾公平。

西方国家实行市场经济、新自由主义，往往是“效率优先”，没有很好解决效率与公平的关系问题。

我国坚持政府力量与市场经济兼容，既强调公平，又保证效率，推进了我国社会主义市场经济进一步的发展和完善。在“坚持效率优先、兼顾公平”的原则下，经济社会取得了飞速发展。“我们政府、市场、社会协同发力，既不强调市场万能，也不是政府决定一切。”张燕生告诉记者，我们在兼顾公平的基础上，鼓励各地政府之间竞争、企业之间竞争，相互学习竞赛，把社会发展活力调动了起来。

当出现了发展不平衡、不协调、不可持续问题，城乡区域发展差距和居民收入分配差距拉大等问题时，党中央又在发展变化中准确把握效率与公平的关系，及时调整战略部署，实施西部大开发、中部地区崛起、东北振兴等一系列战略，促进东中西部协调发展。

启示四：与时俱进，分阶段设定目标。

现代化是一个不断演进的过程，在现代化的不同阶段，社会主要矛盾及其所决定的主要发展任务有明显不同。中国共产党带领中国人民，在正确认识和准确把握社会主要矛盾的变化基础上，制定出了正确的现代化战略、方针和政策。

从我国 1953 年实施第一个五年计划开始，现代化建设就是按国家发展计划或规划，分阶段有步骤地全面推进，不同阶段有不同重点。上世纪 50 ~ 70 年代，中国现代化的目标是实现“四个现代化”，包括农业、工业、国防和科学技术现代化；上世纪 80 年代，党中央在清醒认识基本国情和深刻分析国内外形势变化的基础上，提出了“三步走”的战略目标。

现阶段，中国特色社会主义进入了新时代，我国社会主要矛盾已经转化为人民日益增长的美好生活需要和不平衡不充分的发展之间的矛盾，现代化的主要任务又演变为解决“从有到好”的问题，更加注重全面发展、平衡发展，更加注重共同富裕，更加注重增强人民的获得感、幸福感、安全感。

启示五：将独立自主作为国家发展的基本思路。

将自己国家的发展依附于其他发达国家，终究摆脱不了被洗劫一空的厄运。拉丁美洲一些国家的现代化进程就是走西方现代化已经走过的道路，并最终跌入西方“依附发展陷阱”。

独立自主是中国革命和建设取得成功的一条基本经验。中国共产党人在长期艰苦卓绝的斗争中逐步领会到，在中国这样一个人口众多和经济文化相当落后的东方大国进行革命和建设，必须把立足点放在自己力量的基础上，走自己的路。通过多年的探索革新，我们终于走出了一条独立自主的中国特色社会主义现代化道路。

（原载《瞭望》2021年第30期　《瞭望》新闻周刊记者扈永顺）

7. 世界现代化版图的东方巨变

现代化是人类文明进步的历史潮流，寄托着几代中国人对理想社会的伟大梦想。

100 多年前，孙中山先生以《建国方略》畅想规划未来现代化中国的美好蓝图。今天，中国共产党带领中国人民励精图治，将其刻写在 960 多万平方公里的华夏大地上。

2020 年 10 月，正在广东考察的习近平总书记走进汕头开埠文化陈列馆，在《建国方略》相关规划图前驻足凝视，不禁感慨："只有我们中国共产党人实现了。"

回望历史，中国用几十年走完西方发达国家几百年的现代化历程，创造了经济快速发展和社会长期稳定的伟大奇迹，中华民族迎来从站起来、富起来到强起来的伟大飞跃，中华民族伟大复兴进入了不可逆转的历史进程。

中国现代化成就雄辩地证明，“世界上既不存在定于一尊的现代化模式，也不存在放之四海而皆准的现代化标准。”作为人类社会现代化超大样本，中国式现代化道路的开创，无疑将改写世界历史进程，深刻影响人类进步方向。

改变中国　影响世界

“经过全党全国各族人民持续奋斗，我们实现了第一个百年奋斗目标，在中华大地上全面建成了小康社会，历史性地解决了绝对贫困问题，正在意气风发向着全面建成社会主义现代化强国的第二个百年奋斗目标迈进。”

2021 年 7 月 1 日，中国共产党百年华诞。习近平总书记在天安门城楼上这一庄严宣告，标志着中国人民在实现全面小康梦想之后，踏上全面建设社会主义现代化国家新征程。

穿越历史烽烟，时钟回拨至 1840 年。鸦片战争爆发，西方列强的坚船利炮将中国拖入半殖民地半封建社会。此后很长一段时间里，国家蒙辱、人民蒙难、文明蒙尘，中华民族遭受了前所未有的劫难。直到 1921 年，中国共产党的诞生，开启中国式现代化道路的探索。

新中国的建立，为中国现代化之路开辟了新天地。从对新生政权的设计建构，到提出“四个现代化”目标，再到“三步走”的战略；从建立社会主义制度，到形成独立的比较完整的工业体系和经济体系，再到改革开放的伟大航程；从进入新时代吹响全面建成小康社会、打赢脱贫攻坚战的冲锋号角，到开启新发展阶段“两步走”的战略安排更加落实落细，波澜壮阔的中国式现代化图景在中华大地徐徐展开。

百年征程，沧桑巨变。看新时代的中国，一跃成为世界第二大经济体、第一大货物贸易国；拥有全球最大规模中等收入群体，居民储蓄率、外汇储备规模均居全球第一；建成世界上规模最大的社会保障体系、高等教育体系；拥有全球最大高速铁路公路网，天宫遨游、蛟龙探海、天眼探空、悟空探秘、墨子传信……中国人民正昂首阔步踏上现代化的快车道。

看似“平地起高楼”，实则“根深才叶茂”。无论是新中国的改天换地、改革开放的翻天覆地，还是近十年来的惊天动地，以“中国式现代化”推进民族伟大复兴的如磐初心，正转化为改写历史的惊天伟力。

改写现代化世界版图——

迄今为止，全球完成工业化的发达国家和地区人口总和不超过10亿人。中国14亿多人口整体迈入现代化社会，规模超过现有发达国家总和，将彻底改写现代化的世界版图，在人类历史上是一件有深远影响的大事。

经济总量从1978年的3679亿元跃至2021年的114万亿元，成为世界第二，占世界经济的比重从1.8%升至18.5%，中国令人叹服的经济发展成就正加速世界经济重心向亚洲东移。

历时8年的脱贫攻坚战，中国现行标准下9899万农村贫困人口全部脱贫，完成了消除绝对贫困的伟大壮举。改革开放以来，中国有7.7亿农村贫困人口脱贫，占同期全球减贫人口70%以上，被联合国秘书长古特雷斯认为是“为全球减贫作出最大贡献的国家”。

十年间，中国碳排放强度下降34.4%，水电、风电、光伏发电装机规模多年位居世界第一。中国持续几十年植树造林，1990～2016年间中国对世界森林碳汇能力的实际贡献率高达247.1%。在联合国环境规划署亚太办事处主任德钦策林眼里，中国已经成为“全球环境议程的重要引领者”。

超大人口规模、超大国土空间、超大经济体量、超大国内市场……在从传统社会进入现代化社会的历史变革中，中国之“大”注定了对世界的影响之巨。刚果（布）执政党刚果劳动党总书记皮埃尔·穆萨感叹道：“中国的发展进步正在深刻影响着世界。”

开辟全球发展新图景——

中国式现代化新道路越走越宽广，发展自己的同时造福世界。

从 1978 年的 2.3%，到如今多年超过 30%，这是中国对世界经济增长贡献率的飞跃。入世、世界工厂、自贸区、进博会……一个个热词，见证着中国成为全球增长“火车头”的成长之路。

“一带一路”推动互联互通，勾画合作蓝图，为沿线国家和地区带来累累发展硕果。一座座“连心桥”、一个个“繁荣港”、一条条“幸福路”，深刻诠释了“中国的发展离不开世界，世界的繁荣也需要中国”的意涵。

中国积极推动构建开放型世界经济，以自身发展推动全球发展，引领经济全球化朝着更加均衡包容可持续的方向演进。尼日利亚阿布贾大学国际关系专家谢里夫·加利说：“没有中国，全球化难以为继。”

中国式现代化道路的开辟，破除了“现代化就是西方化”的历史迷思，拓展了发展中国家走向现代化的途径，给世界上那些既希望加快发展又希望保持自身独立性的国家和民族提供了全新选择。

从共享“发展机遇”，到分享“发展路径”，中国式现代化探索，增益全球发展的同时，开创了世界发展理论新谱系。塞尔维亚前总统鲍里斯·塔迪奇认为，中国给“现代化”一词赋予了新的内涵和意义，为其他国家树立了榜样。

推动全球治理新变革——

当今世界，百年未有之大变局加速演进，和平赤字、发展赤字、信任赤字、治理赤字有增无减，国际社会面临前所未有挑战。

随着综合国力、国际影响力提升，中国以更加积极作为、敢于担当的姿态，为破解全球难题贡献中国方案。特别是党的十八大以来，中国以前所未有的广度、深度、力度参与全球治理，为全球治理模式提供了不同于“一国独霸”或“几方共治”的新选择，推动全球治理体系朝着更加公正合理有效的方向发展。

提倡创新、协调、绿色、开放、共享的发展观，践行共同、综合、合作、可持续的安全观，秉持开放、融通、互利、共赢的合作观，树立平等、互鉴、对话、包容的文明观，坚持共商共建共享的全球治理观，主张平等尊重、团结合作的秩序观……习近平主席以中国智慧引领全球治理理念创新，站在人类前途命运高度为全球治理体系变革明确了方向。

从把“坚持和平发展道路”载入宪法，到发起成立亚投行、新开发银行，从带头落实联合国2030年可持续发展议程，到最早承诺将新冠疫苗作为全球公共产品，从“一带一路”倡议到全球发展倡议、全球安全倡议……中国知行合一，始终是世界和平的建设者、全球发展的贡献者、国际秩序的维护者、公共产品的提供者。

委内瑞拉新兴经济体发展高等研究中心学术研究主任路易斯·德尔加罗说，中国以实际行动践行人类命运共同体理念，在全球治理中发挥着越来越重要的作用。

开放命题　中国答卷

如何走向现代化，这是一个需要随着时代进步而不断加以审视的开放命题。新时代的中国做出了开拓性的回答：

摒弃西方以资本为中心的现代化、两极分化的现代化、物质主义膨胀的现代化、对外扩张掠夺的现代化，实现人口规模巨大的现代化、全体人民共同富裕的现代化、物质文明和精神文明相协调的现代化、人与自然和谐共生的现代化、走和平发展道路的现代化。

巴西瓦加斯基金会中国问题专家埃万德罗·卡瓦略说：“中国成功开辟了一条中国式现代化道路，是对西方现代化道路的超越。”

这是人民至上对资本优先的超越——

美国次贷危机中，一边是破产民众露宿街头，一边是银行高管薪酬翻倍；新冠疫情下，一边是百万民众殒命大疫，一边是高官富贾赚得盆满钵满……在那里，资本逻辑凌驾于人本逻辑之上。

为了打赢人类历史上规模最大的反贫困斗争，“脱贫路上一个也不能少，一个民族都不能少”；面对百年疫情大考，“为了保护人民生命安全，我们什么都可以豁得出来！”……在中国，发展为了人民，依靠人民，成果由人民共享，现代化逻辑由“以资为本”回归“以民为本”。

人民至上，这是中国共产党一以贯之的执政理念，是中国式现代化的逻辑起点，是社会主义现代化与资本主义现代化的本质区别。

浙江，正在建设共同富裕的示范区，成为中国式现代化美好图景的缩影：“山海协作”，致力于东西部协同，以发达地区带动欠发达地区实现共同发展；“扩中”“提低”行动有序推进，旨在促进就业、优化分配，缩小地区、城乡发展差距；“千万工程”打造宜居宜游的未来乡村；“共富工坊”让农民实现家门口就业、带动增收……

坚持以人民为中心，走共同富裕道路，是中国式现代化的题中之义。

这是协调发展对物质主义的超越——

西方现代化的原始积累，大多建立在能源资源大量消耗基础之上。美国人口不足全球人口的4.5%，能源消耗量却超过全球20%。上世纪发生在西方国家的“世界八大公害事件”令人震惊，其中“伦敦烟雾事件”造成超万人死亡，至今让人心有余悸。

在马克思主义看来，对现代资本主义的扬弃意味着“人和自然界之间、人和人之间矛盾的真正解决”。中国式现代化追求的，正是人与自然的和谐，人与人的和谐，人类精神世界与物质世界的和谐。

习近平深刻指出，“我们建设现代化国家，走美欧老路是走不通的，再有几个地球也不够中国人消耗。”“生态文明是工业文明发展到一定阶段的产物，是实现人与自然和谐发展的新要求”。

2005 年 8 月，时任浙江省委书记的习近平在浙江省湖州市安吉县余村考察时，首次提出“绿水青山就是金山银山”的重要论断。“两山论”深刻揭示了保护生态环境就是保护生产力、改善生态环境就是发展生产力的道理，推动当地实现从“靠山吃山”向“养山富山”的范式转变，探索出一条实现经济与生态互融共生、互促共进的新路。

物质贫乏不是社会主义，精神空虚也不是社会主义，中国强起来，不能以精神贫困、价值虚无为代价。“实现我们的发展目标，不仅要在物质上强大起来，而且要在精神上强大起来”。

从物质文明和精神文明建设“两手抓，两手都要硬”，到经济、政治、文化、社会和生态文明建设“五位一体”，再到“创新、协调、绿色、开放、共享”的新发展理念，中国式现代化征程上，系统思维、协调发展一以贯之。

这是“原版原创”对“再版翻版”的超越——

近代以来，中国“师夷长技”的现代化探索均以失败告终。从世界范围看，一些后发国家或是照搬西方现代化模式，或是谋求“依附”发展，被迫丧失独立性，不仅没有成功走上现代化道路，反而陷入各种发展的“陷阱”

走自己的路，这就是中国共产党百年奋斗得出的历史结论。

中国突破市场经济与社会主义相互对立的传统观念，以社会主义市场经济体制激活经济发展；不同于西方发达国家工业化、城镇化、农业现代化、信息化顺序“串联式”发展过程，中国坚持“并联式”叠加发展过程，全面推进现代化，用几十年时间走完了西方发达国家几百年走过的工业化历程，从“现代化的迟到国”，变身为“世界现代化的增长极”。

曾在中国学习工作的津巴布韦中非经济文化交流研究中心研究员唐纳德·鲁沙布瓦认为，中国的成功实践证明，现代化模式不是唯一的，现代化的“中国模式”植根中国历史和现实，既遵循了社会主义道路，又有中国特色，符合中国实际。

这是和平发展对掠夺扩张的超越——

西方现代化进程伴随着对其他国家和民族的野蛮侵略、掠夺和战争。即便到今天，一些发达国家对外依然抱守恃强凌弱的霸权主义、弱肉强食的丛林法则。中国式现代化成就，靠的是十几亿人民的牺牲、奋斗、勤劳与创新，走的是国强好仁、协和万邦的天下正道。

今年9月，习近平主席在出席上海合作组织成员国元首理事会第二十二次会议时，引用乌兹别克斯坦谚语，“有了和平，国家才能兴旺；有了雨露，大地才能繁荣”，深切道出了走和平发展道路是全人类的共同追求。

中国提出构建新型国际关系、构建人类命运共同体等重要理念和“一带一路”倡议、全球发展倡议、全球安全倡议等重要倡议，弘扬和平、发展、公平、正义、民主、自由的全人类共同价值，引领人类进步潮流；中国全力推动和参与国际抗疫合作，尽己所能提供抗疫物资、分享防疫经验，已向120多个国家和国际组织提供超过22亿剂疫苗；“一带一路”已经成长为最具广泛性和包容性、最大规模的国际合作平台；面对气候变化挑战，中国作出碳达峰、碳中和的承诺与行动，推动落实《巴黎协定》……

在英国学者马丁·雅克看来，中国为世界提供了一种“新的可能”，这就是摒弃丛林法则、不搞强权独霸、超越零和博弈，开辟一条合作共赢的文明发展新道路。

中国探索　启迪世界

中国式现代化，打破了西方现代化的“一元定式”，让现代化道路选择从“单选”变为“多选”。回顾探索历程，解放思想，实事求是，以民为本，改革开放，独立自主，和平发展，融入世界……一个个现代化“关键词”浓缩着中国人民的发展智慧，给其他发展中国家走向现代化带来借鉴和启示。

——坚强领导，现代化的“掌舵人”。

现代化进程，需要先进坚定的领导力量，在中国，这个最高政治领导力量就是中国共产党。

美国政治学家亨廷顿认为，“第三世界的现代化是一个充满动荡和激烈冲突的过程。一个具有现代化取向的政治组织是推进现代化进程又保持其过程稳定的关键力量”。中国革命的胜利、建设的成就、现代化的奇迹，密码就蕴藏于这个“政治组织”之中。

办好中国的事情，关键在中国共产党。对于中国这样一个超大规模经济体，举旗定向、调度资源、协调利益、应对挑战，无不需要一个先进高效的领导力量。中国共产党的领导聚合力，牢牢地把国家各种要素资源编织在相互联动的架构中，共同推动现代化航船行稳致远。安哥拉《国家报》刊发题为《中国特色社会主义为什么能成功》的评论这样写道："中国共产党的领导作用，体现为'集中力量办大事'，体现为总揽全局、同向发力的效率。"

中国共产党的长期执政地位，也保证了政策延续性和稳定性，避免了西式民主体制下的"翻烧饼"，让现代化战略"一张蓝图绘到底"。英国48家集团俱乐部主席斯蒂芬·佩里认为，中国共产党带领中国人民在短短百年里完成其他国家需要三四百年才能完成的事业，一个突出优势是能够制定长远规划，并将短期目标和远景规划结合，形成有机合力，推动国家向前发展。

——以民为本，现代化的"指南针"。

现代化进程，需要凝聚民心的价值基石，在中国，这个根本价值遵循就是"一切为了人民"。

大国治理，千头万绪，责任如山，如何履职？面对国际友人提问，习近平主席发出肺腑之言——"我将无我，不负人民。"脱贫攻坚中，数百万扶贫干部倾力奉献、苦干实干，1800多名党员干部将生命定格在了脱贫攻坚征程上……一切为了人民，从最高领导人到基层干部，9600多万名党员坚守百年大党初心使命，用行动乃至生命锚定中国式现代化的价值航向。

中国式现代化的制度底色是社会主义，其本质是"人"

的现代化。唯有以民为本，现代化进程才能凝聚广泛的社会共识，才会有稳定的政治基础，人民创造历史的主观能动性才能得以激发，为推动现代化进程提供不竭动力。波兰前副总理格热戈日·科沃德科说：“中国共产党坚持以人民为中心的发展思想并得到人民的支持，是中国不断取得发展成就的关键。”

民心是最大的政治。世界历史清晰地表明，即使是实现了现代化的国家，如果执政党背离人民，也会损害现代化成果。当前一些西方发达国家两极分化、民粹盛行、社会失序就是鲜活例证。

——改革开放，现代化的“动力源”。

现代化进程，需要开放灵活的政策应变，在中国，这个原则可以概括为解放思想，实事求是。

没有思想的解放，就没有改革开放的伟大觉醒。扩大开放，能够与外界进行能量和信息交换，获得丰富成长资源；深化改革，能够动态调试自身以增强机体适应性，获得不竭内生动力。中国式现代化，正是在不断统筹国内国际两个大局，通过改革开放获得持续发展动力的进程，其中蕴含着中华文化允执厥中的中道智慧，体现了中国共产党与时俱进，实事求是的行动哲学。

因为解放思想、实事求是，党在统筹政府与市场、自由与秩序、权利与权力、公平与效率等关系时，才能平衡好改革、发展与稳定的关系，力图找到帕累托原则最优点，实现人民福祉最大化。中国特色社会主义市场经济体制的建立，正是解放思想带来的伟大制度创新。曾多次来华参加两会报道的乌克兰《每周镜报》资深记者阿列克谢·科瓦利认为：“正因为中国共产党确立了解放思想、实事求是的思想路线，才有力推动和保证了改革开放进程，探索出一条从中国实际出发、适合中国国情的现代化发展道路。”

开放带来繁荣，中国式现代化的“开源”特性正是其活力所在。历史上，中华民族曾因闭关锁国、僵化停滞而衰，如今因改革开放、创新进取而盛。中国坚持开放政策，积极融入全球化时代大潮，在开放中提升“游泳”的本领，在开放中抓住发展的机遇，在开放中做大互利共赢的蛋糕。国际货币基金组织前总裁拉加德将改革开放比喻为“中国建造的通向世界之桥”。

——独立自主，现代化的“方法论”。

现代化进程，需要遵循独立自主原则。中国始终把国家和民族发展放在自己力量的基点上、把中国发展进步的命运牢牢掌握在自己手中。

人类历史上，没有一个民族、没有一个国家可以通过依赖外部力量、跟在他人后面亦步亦趋实现强大和振兴。那样做的结果，不是必然遭遇失败，就是必然成为他人的附庸。

当今世界的现实是：西方发达国家利用率先发展优势构筑起有利于自身的政治经济结构乃至霸权体系，通过不公平的“规则丛林”和垄断优势企图固化“中心—外围”的全球分工，为后发国家设置发展的“玻璃天花板”。近年来，美国对华大搞贸易霸凌、大行科技霸权，其真实的战略动机意在切断他国在全球产业链的跃升渠道，封锁他国的现代化路径，剥夺他国自主发展的权利。

实践证明，中国通过独立的探索找到了符合本国国情的现代化道路，坚定捍卫了自主发展的权利。开放的全球化环境下，没有独立自主，便如同航船失去船舵。俄罗斯联邦共产党中央委员会主席久加诺夫对中国现代化所展现的高度自主大加赞赏：“睿智的中国领导人不仅没有拆掉自己航船的操控系统，而且为它安装了现代化设备，结果当一些国家在各种陷阱中转圈，中国之舰早已发展成了远洋巨轮，驶向了辽阔的大海。”

……

时光镌刻坚实步伐，历史见证壮阔行进。

中国式现代化，是一次人类为追求美好生活所进行的伟大探索。在中国共产党这一最高政治领导力量的带领下，中华优秀文化的力量、社会主义制度的力量、人民创造历史的力量，正融合为一股推动历史滚滚向前的磅礴伟力。“为世界进文明，为人类造幸福”，新时代的中国，正续写为世界作出“较大贡献”的新篇章。

中国共产党第二十次全国代表大会召开在即。站在新的历史起点，中国将以中国式现代化实现中华民族伟大复兴，并同世界各国一道，为和平发展尽力，为团结进步担当，携手构建人类命运共同体，共同开创更加美好的世界。

（新华社北京 2022 年 10 月 9 日电　新华社记者叶书宏、柳丝、谢彬彬；参与记者：胡晓明、黎华玲、卞卓丹）

8. 中国式现代化的乡村探索

“我们坚持和发展中国特色社会主义，推动物质文明、政治文明、精神文明、社会文明、生态文明协调发展，创造了中国式现代化新道路，创造了人类文明新形态。”

在庆祝中国共产党成立 100 周年大会上，习近平总书记的重要讲话掷地有声。

实现中国式现代化，离不开农业农村现代化。记者近日在内蒙古、湖北、江西、湖南、北京 5 个省区市的 10 个乡村调研了解到，“三农”工作重心已实现从脱贫攻坚到全面推进乡村振兴的历史性转移，乡村振兴的蓝图正在中国大地上徐徐展开。这些来自中国最基层的探索，不断闪现出中国乡村现代化的智慧光芒。

党建引领：群众话有处说，难有处帮，理有处讲

看到张凤珍等4名穿“红马甲”的志愿者出现在自家门口，袁宝柱面露喜色，激动地迎了上去。

66岁的袁宝柱家住内蒙古自治区包头市固阳县下湿壕镇新建村，一对儿女常年在外务工。“我有肺气肿，老伴儿的腿不好使，都出不了远门。”了解到袁宝柱的困难后，村里党员干部组成的“拉话话”（谈心）志愿服务队频频登门，从拉家常到跑腿代办低保，从帮忙解决供暖问题到报销医药费，队员们的一举一动让袁宝柱暖心。

“没有党的关怀，这个家早就散了！”袁宝柱握住队员的手，久久不愿松开。

固阳县位置偏僻，老弱病残等农村留守群体面临诸多难题。2019年，固阳县为打通服务群众的“最后一公里”，先后在72个行政村成立74支“拉话话”志愿服务队，以走村入户谈心的形式，让群众“话有处说，怨有处诉，难有处帮，理有处讲”，至今已服务5万余人次，解决难事急事6万多件。

党的全面领导是推进乡村振兴的政治保障。推动党的基层组织设置和活动方式创新，发挥好党组织作用，组织群众、宣传群众、凝聚群众、服务群众，方能夯实乡村振兴之基。

“我是党员我争先，责任义务记心间……急难险重敢向

前，兴业持家帮带联，扶贫帮困讲奉献……”走进湖北省鄂州市鄂城区长港镇峒山村党员群众服务中心，一张“党员公约”被贴在醒目的位置，也深深刻进了当地党员干部的心里。

“在‘党员公约’引领下，全村130多名党员主动亮身份、作表率，带头干、走在前，包保联系全村900多户，认领服务‘责任田’。”峒山村党总支书记陈建军说。

“看到他们就踏实！”2020年新冠疫情突然袭来，党员干部守在老百姓身前的画面，村民占志启记忆犹新，“一个个党员挨家挨户宣传防疫政策，在交通卡点24小时执勤，劝村民远离风险，他们自己却一趟一趟出去帮我们买生活必需品和农业生产物资……”

冲锋在前的党员干部，打通了农村治理的“神经末梢”，画出了乡村振兴的“同心圆”。

产业振兴：激发乡村新潜力

产业兴，则乡村兴。

“双抢”时节，江西省樟树市店下镇枫林村的稻田里一片繁忙，只见十几台收割机来回穿梭。

枫林村有村民3600多人，基本农田和林地近1.3万亩，田多人少。然而，大量青壮劳力仍然选择出去打工。种田不赚钱，靠啥振兴？枫林村党支部书记张金如说，这个问题，曾长期困扰着全村的干部群众。

近年来，当地党委政府引导农民适度规模化经营，依托富硒土壤优势，主动与大公司对接，构建起“公司 + 基地 + 农户 + 合作社 + 社会化服务”的发展模式，成功打破困局。

“种田有帮手，卖粮不愁价。村民农忙时是机车手，闲暇时是工厂人，拿着几份收入，留村发展的意愿越来越强。”张金如说，村里已流转土地 1000 多亩，村民人均可支配收入从 2019 年的 1.7 万元增加到去年的 2 万元左右。

提高农业质量效益和竞争力，是实现农业现代化的必由之路。

浩荡汉江，奔涌而下，经过湖北省老河口市时，冲积出一个沙洲——王府洲。晨光村就在这里。

龚存福是晨光村村民，也是老河口市伍丰蔬菜种植专业合作社的理事长。

炎炎夏日，正是各色蔬菜竞相上市的季节，采菜、卖菜，龚存福隔三差五地往返于村子与市区之间。目前，他流转了 200 多亩土地种植蔬菜，去年年收入突破 170 万元。

“汉江的水好，我用的又是有机肥，菜的品质很好，好卖得很。”龚存福不光自己靠种菜发了家，还带领村里 20 多位村民一起致富。

在一江之隔的湖南，一个依靠众筹逆袭的小村庄踏上了产业发展新路。湖南省浏阳市田溪村位于群山之中，2014 年，这个村的贫困率接近 30%，曾经是全市贫困人口最多的村庄。

脱贫攻坚战打响以后，村支两委班子苦苦思索出路。几经商议，村里决定成立筹备领导小组，用众筹这种新潮的方式解决了“钱从哪里来”这一关键问题。村支两委团结肯干，村民热情积极。如今，田溪村以“党建引领、支部主导、村民众筹、市场运作、共建共享”的方式，打造出浏阳市西溪磐石大峡谷景区，并于去年成功申创国家 3A 级旅游景区。

因地制宜、突出特色，市场导向、政府支持，融合发展、联农带农，绿色引领、创新驱动。目前，各地农村一二三产业融合发展呈加速态势，产业体系日益完备，农民增收渠道持续拓宽。

生态宜居：绿水青山带笑颜

一场雨过后，鄂尔多斯高原上凉风习习，天高云淡。

“这么好的日子，每天像过节一样。”63 岁的牧民门肯吉日嘎拉把牛群赶进圈，热情地把记者让进屋，不一会儿，香喷喷的奶茶就端了上来。

内蒙古自治区杭锦旗独贵塔拉镇道图嘎查位于库布其沙

漠北缘，门肯吉日嘎拉一家6口就居住在这里。

走进房内，只见瓷砖地面干净整洁，墙上简单装饰着两幅壁画，液晶电视等新式家电俱全。老人感慨地说，草原生态好了，牧民是最直接的受益者。

门肯吉日嘎拉家有7000多亩草场。上世纪末，草场严重沙化，一眼望过去黄乎乎的，牛要养三四年才有400来斤重。如今，他家的草场里满目葱茏，养着170头牛和200多只羊。“去年纯收入40多万元吧。”

过去20多年里，杭锦旗牧民在地方党委政府和科研机构、企业支持下，禁牧休牧保护牧场，学习现代养殖技术，实现了沙漠增绿、牧民增收的梦想。

绿色，是美丽中国的底色，也是乡村振兴的成色。

湖北省武汉市江夏区五里界街道童周岭村小朱湾，因美丽的环境、淳朴的民风吸引游客接踵而至。

小朱湾位于梁子湖畔。7年前，小朱湾还是一个无人问津的“空心村”，守着好水好风光，却一直受穷。童周岭村党支部书记罗刚玉说，以前，湾子里连像样的马路都没有，全村缺乏排水设施，污水横流，猪屎牛粪到处淌。

改变发生在2014年。这一年，五里界街道对小朱湾进行统一设计规划，发展乡村旅游。短短一年时间，不毁一棵树、不填一口塘，小朱湾“化蛹成蝶”，被改造成一个生态优美的湖畔村庄。

“看着村子变成城里人爱来的地方，在外打工的儿子几年前回村，开起了农家乐。”67 岁的村民曾庆志说。

“绿水青山就是金山银山”，在越来越多的传统农区，经济生态化、生态经济化正成为乡村振兴的绿色发展之路。壮美的乡村画卷，吸引着越来越多的人回乡圆梦，为乡村振兴注入生机和活力。

乡风文明：既要塑形，也要塑魂

连日来，江西省上饶市婺源县赋春镇严田村的村民纷纷参与晒“微家训”活动，一股浓郁的文明乡风扑面而来。

“以田为本、以严治家”。严田村党支部书记李其良说，村庄挖掘历史文化、名人轶事，在祠堂“秩叙堂”建立家风传承教育基地，营造见贤思齐的浓厚氛围。村里还将移风易俗写进村规民约，引导村民改变人情攀比、大操大办筵席等陈规陋习。

“村里还开设道德评议会，吸纳老党员、老干部、道德模范等参加。”李其良说，在秩叙堂里“群众说、乡贤论、榜上亮”，好坏大家评，落后大家帮。

乡村振兴，既要塑形，也要铸魂。

全面推进乡村振兴，必须加强社会主义精神文明建设，弘扬和践行社会主义核心价值观，推进农村移风易俗，推动形成文明乡风、良好家风、淳朴民风。

通过村申报、镇评比，把好家风户选出来；通过群众提、代表议、党员审和镇党委把关等程序，把“诚实、守信、和谐、创新”的好村风树起来；引导村民把“崇德、乐善、明礼、向上”的好民风亮出来……

5 年来，北京市怀柔区桥梓镇北宅村持续开展“正家风、清村风、淳民风”活动，把乡村建设由“景美”向“人美”转变。截至 2020 年底，全村已有 62 个家庭被评选为好家风模范户，评选模范婆婆、模范儿媳 94 户，大大激发了村民的荣誉感。

生活富裕：踏上共同致富路

推动全体人民共同富裕取得更为明显的实质性进展，乡村振兴是关键一环。

填资料、签字、盖章，走完一系列流程之后，43 岁的邵流飞成为内蒙古自治区达拉特旗树林召镇林原村的“新居民”，获得了“新房”30 年的租住权。邵流飞是赤峰人，常年在达拉特旗做生意。

这笔“交易”的顺利进行，得益于“树林召镇农村产权服务中心”的成立——这个内蒙古首个乡镇一级“交易所”，能够进行房屋和宅基地使用权等多个品种的流转交易。具体实现形式，是村民把空置的房屋交给合作社，通过村股份经济合作社将信息提交到农村产权服务中心平台，然后进行交易。

集体化、合作化、集体股权化是林原村改革的具体路径和方向。树林召镇镇长乔有世说：“村股份经济合作社就是抓经济。改革的目的，就是让各类资源和资产的价值实现最大化。”

中心村和镇升级、产业升级、服务和治理升级、生态升级。“四个升级，融合在一起，我们称之为‘未来村’。‘未来村’正在建设中，未来并不遥远。”乔有世说。

记者了解到，当前不少乡村已经规划从政策体系、工作体系、制度体系等多角度、全方位落笔，以更有力的举措、汇聚更强大的力量，加快农村共同富裕的进程。

民族要复兴，乡村必振兴。

在广袤的中国大地上，一个个鲜活的故事，一幅幅火热的场景，一个个生动的实践，正在记录着中国式现代化的乡村建设步伐……

（新华社北京 2021 年 7 月 29 日电　新华社记者董素玉、刘宗荣、任会斌、徐曼曼，参与采写：侯文坤、熊琦、安路蒙、程迪、余贤红、刘良恒、田晨旭、鲁畅）

国际反响篇

9. 国际社会热议中国式现代化的世界意义

“从现在起，中国共产党的中心任务就是团结带领全国各族人民全面建成社会主义现代化强国、实现第二个百年奋斗目标，以中国式现代化全面推进中华民族伟大复兴。”16日，习近平总书记在中共二十大报告中作出这一宣示。

连日来，二十大报告强调的中国式现代化成为吸引世界目光的关键词。国际社会称赞，中国式现代化创造了“人类发展史上真正的奇迹”，是“人类社会发展的一项创举”，为人类实现现代化提供了新的选择。海外人士期待中国在现代化建设的道路上继续以中国新发展为世界提供新机遇，推动全球治理朝着更加公正合理的方向发展，携手开创人类更加美好的未来。

启迪发展路径的现代化

中国式现代化，是中国共产党领导的社会主义现代化，既有各国现代化的共同特征，更有基于自己国情的中国特色。国际社会认为，中国式现代化扎根中国大地，切合中国实际。中国式现代化取得的成就为世界点亮了进步与发展的希望之灯，为世界现代化进程贡献了中国智慧和中国方案。

“这是人类发展史上真正的奇迹。”柬埔寨亚洲愿景研究院研究员通孟戴维对中国过去十年来在中国式现代化道路上取得的发展成就表示赞叹。他认为，中国完成脱贫攻坚、全面建成小康社会，“中国的成功正在激发许多发展中国家勇敢探索发展和繁荣的本国方案”。

仔细研读习近平总书记在二十大报告中对中国式现代化的系统阐述之后，新加坡国立大学李光耀公共政策学院副教授顾清扬认为，中国式现代化是具有中国特色的发展模式。他说，中国共产党团结带领中国人民全面建成社会主义现代化强国，以中国式现代化全面推进中华民族伟大复兴，将在纷繁复杂的世界大变局中产生重要积极影响。

对中国式现代化发展成就，老挝国会副主席宋玛·奔舍那有着切身体会。“我们兄弟姐妹小时候在北京生活，现在隔一段时间去中国，对中国的变化感受真切。”20 世纪 60

年代曾在北京学习、生活的奔舍那家族兄弟姐妹，再来中国时也会去同学、朋友家做客。“他们现在的生活真好！”宋玛说。

宋玛感慨：“中国式现代化发展的成就告诉我们，现代化不是西方化，各国都可以有适合本国的现代化。”

在肯尼亚国际问题学者卡文斯·阿德希尔看来，中国式现代化是面向庞大人口的、以人民为中心的现代化。他表示，作为世界上人口最多的国家，中国式现代化道路的成功探索是对人类进步事业的巨大贡献。中国为包括非洲国家在内的发展中国家作出榜样，就是要坚持走符合自身国情的现代化发展之路，要以全体人民共同富裕为目标实现现代化。

“中国经历了伟大的经济和社会变革。”委内瑞拉新兴经济体发展高等研究中心学术研究主任路易斯·德尔加罗说，中国式现代化为不少面临经济和社会发展问题、需要探索适合自身国情发展道路的国家提供了重要借鉴。

“中国式现代化创造了人类文明新形态，拓展了发展中国家走向现代化的途径。”俄罗斯共产党中央委员会主席根纳季·久加诺夫指出，中国的快速发展已成为人类文明发展进程中一项重大成就，中国式现代化的成功经验将为更多国家和人民开辟通往美好未来的道路。

惠及世界繁荣的现代化

二十大报告指出，中国式现代化是人口规模巨大的现代化；是全体人民共同富裕的现代化；是物质文明和精神文明相协调的现代化；是人与自然和谐共生的现代化；是走和平发展道路的现代化。海外人士认为，中国式现代化拥有丰富内涵和强大吸引力，将积极推动世界繁荣、文明互鉴，为世界注入更多正能量。

约旦商人协会会长哈姆迪·塔巴的企业经营业务涉及汽车、保险、贸易等多个领域，近年来他充分感受到中国开放市场、经济蓬勃发展释放出的巨大红利。塔巴认为，二十大报告指出中国式现代化是人口规模巨大的现代化、是全体人民共同富裕的现代化，这意味着未来中国人民生活水平将整体跃升，中国释放出的消费需求将极大推动世界经济的持续繁荣与发展。

“中国打赢人类历史上规模最大的脱贫攻坚战，提高了人民收入水平，努力实现社会公平。”阿根廷阿中商会基建委员会协调人费尔南多·法佐拉里对报告中关于“全体人民共同富裕的现代化”的论述感受颇深，他认为，以上种种努力都有效扩大了中国市场，提升了中国人民对高质量商品和服务的需求，“这对全球企业来说都是巨大的吸引力”。

巴西巴中研究中心主任埃万德罗·卡瓦略说，“物质文明和精神文明相协调”的中国式现代化，强调促进物的全面丰富和人的全面发展，最终实现全体人民共同富裕，促进社会公平正义。“我们可以看到，中国式现代化走的是一条生产发展、生活富裕、生态良好的文明发展道路。”

“中国式现代化所突出的物质文明和精神文明相协调，将继续推动中国文化走向世界，拓宽中国与世界各国加深了解的渠道。”沙特国王大学教授易卜拉欣·沃哈伊布指出。

塞内加尔中国问题专家、《太阳报》前驻华记者阿马杜·迪奥普关注到报告中强调的“人与自然和谐共生的现代化”。“中国在保护环境、促进绿色发展方面发挥着重要作用，中国为减少环境污染、推进绿色经济发展作出了突出贡献。”迪奥普以中国库布其沙漠荒漠化治理为例，称赞中国生态保护工程为世界提供了可借鉴的经验，中国推广可再生能源的举措也激励着世界。

“中国式现代化是走和平发展道路的现代化，必将为完善全球治理注入更多正能量。”古巴国际政治研究中心中国问题专家爱德华多·雷加拉多说，当今世界，和平与发展的时代主题面临严峻挑战，中国始终坚定奉行独立自主的和平外交政策，维护国际关系基本准则和国际公平正义，期待中国新发展不断为世界带来新机遇，为开创人类更加美好的未来作出更大贡献。

推动完善全球治理的现代化

当前，世界又一次站在历史的十字路口，何去何从取决于各国人民的抉择。国际社会认为，在这样的关键时刻，二十大报告将“推动构建人类命运共同体，创造人类文明新形态”写入中国式现代化的本质要求，表明中国在现代化建设的过程中，将始终推动全球治理朝着更加公正合理的方向发展，中国人民将同世界人民携手开创人类更加美好的未来。

“构建人类命运共同体这一重要理念为全球治理贡献了中国方案，为促进世界和平与繁荣提供了中国智慧。”美国库恩基金会主席罗伯特·劳伦斯·库恩在全程收看习近平总书记向中共二十大作报告的直播后表示，中国共产党是代表中国全体人民的政党，坚持以人民为中心的发展思想，带领人民实现国家现代化和民族复兴。“构建人类命运共同体”理念将把“以人民为中心”的中国理念进一步带到世界。

南非约翰内斯堡大学非洲－中国研究中心主任戴维·蒙亚埃称赞中国式现代化道路是“人类社会发展的一项创举”。他认为，从共享发展机遇到分享发展经验，中国式现代化探寻出一条更加公平的发展道路，中国的发展经验对世界特别是非洲国家和其他发展中国家持续产生深远影响。

阿尔及利亚阿尔及尔第三大学教授伊斯梅尔·德贝什自

20世纪90年代起一直担任阿尔及利亚-中国友好协会主席。德贝什说，中国高度重视人民生命健康和福祉、大力实施科教兴国战略，在国际上维护地区和国际安全、和平与稳定，将同其他发展中国家共享发展机遇、助力他国发展和人民生活水平提升，推动构建人类命运共同体，这些都体现出人民在中国式现代化道路中的重要性。

德贝什指出，近年来，中国提出的倡议都强调了伙伴关系和互利共赢，强调促进各国人民民心相通。他认为，中国将“推动构建人类命运共同体”写入中国式现代化的本质要求，将推动全球治理朝着更加公正合理的方向发展，为全球发展作出更大贡献。

“中共二十大报告发出明确信号，中国共产党领导下的中国将坚定维护国际关系基本准则和国际公平正义，推动落实全球发展倡议和全球安全倡议，推动构建人类命运共同体。”新西兰中国问题专家戴夫·布罗米奇说，中国将继续弘扬多边主义，携手国际社会应对全球性挑战，“一个社会稳定和经济强劲的中国将是全世界共同的福祉”。

（新华社北京2022年10月19日电）

10. 全球工商界人士眼中的中国式现代化

“以中国式现代化全面推进中华民族伟大复兴”“创新是第一动力”“站在人与自然和谐共生的高度谋划发展”“坚持高水平对外开放”……习近平总书记在中共二十大报告中的这些表述连日来引发国际热议。

全球工商界人士普遍认为，中共二十大不仅为新时代中国发展擘画蓝图，也坚定了各国企业深耕中国市场的信心与决心。全球工商界人士期待进一步加强同中国的合作。

中国式现代化创造新机遇

连日来，“中国式现代化”成为国际社会关注的热词。人口规模巨大的现代化，全体人民共同富裕的现代化，物质文明和精神文明相协调的现代化，人与自然和谐共生的现代化，走和平发展道路的现代化……在全球工商界人士眼中，中国式现代化也是世界的机遇。

高科技跨国公司欧瑞康集团高管萨拉·阿纳斯塔西认为，中国式现代化将提供更多机遇，不仅意味着更大的市场，也意味着更多的人才和更好的技术。“中国市场对我们非常重要。”

二十大报告提出的“中国式现代化是全体人民共同富裕的现代化”，引起约旦商人协会会长哈姆迪·塔巴的格外关注。他说，这意味着中国为提高全体人民生活水平而奋斗的脚步不会停歇，相信未来中国城乡、区域协调发展将进一步推进，中等收入群体会显著扩大，消费结构将不断升级。中国将在促进经济全球化、拉动世界经济增长方面发挥更大作用，为全球企业提供更多发展机遇。

厄瓜多尔中国商会前会长何塞·安东尼奥·伊达尔戈说：“中国式现代化将对其他国家产生积极影响，厄瓜多尔在农产品贸易方面有比较优势，中国中等收入群体扩大对我们是机遇。”

“我们在全球市场的不确定性中看到了中国市场的确定性。”总部位于美国的全球营养品公司康宝莱全球高级副总裁、中国区总裁郭木说。“对全球商界而言，中国现在和将来都是充满希望和机遇的发展热土。”

创新驱动发展提供新引擎

二十大报告强调，必须坚持科技是第一生产力、人才是第一资源、创新是第一动力，深入实施科教兴国战略、人才强国战略、创新驱动发展战略，开辟发展新领域新赛道，不断塑造发展新动能新优势。

泰国开泰银行高级副总裁蔡伟才对报告中的这些内容印象深刻："这让我们看到中国未来发展方向，即更注重高质量、可持续发展。这对泰国和其他周边国家来说是利好。过去几年中，很多中国高科技企业到泰国投资建厂，这正是泰国所需要的，有利于泰国经济转型升级，提高竞争力。"

今年 6 月，日本武田制药的武田研发亚太总部落户上海浦东。武田制药全球高级副总裁、武田中国总裁单国洪说，中国市场不仅以巨大的体量为全球作贡献，更重要的是能够不断以创新推动各产业发展。"未来，我们将与中国本土创新企业更深入全面地合作，共同打造更加和谐、协同发展的生态圈。"

今年 8 月，特斯拉上海超级工厂第 100 万辆整车下线，从第 1 辆到第 100 万辆仅用不到 3 年时间。谈到二十大报告强调的创新，特斯拉公司副总裁陶琳有着切身体会："中国供应商伙伴与我们一起密切合作，不断推动各项关键技术研发创新，积极促进科技进步向生产力转化，将先进的产业理念、流程和标准由点及面普及推广。”

“一切发展都与创新息息相关。”英国48家集团俱乐部主席斯蒂芬·佩里研读报告后感慨地说，中国具有很强的前瞻意识，强大的活力体现在中国每个领域。

墨西哥农业生产大州哈利斯科州企业家奥斯瓦尔多·纳瓦罗从中国采购过不少农业生产设备。他说，从中国进口的种子清洗机,每天清理加工能力是其他国家设备的两到三倍，为企业节省了大量时间和成本。他表示，中国重视科技对经济发展的作用，这有助于将科技成果转化为生产力。

阿尔及利亚企业家希沙姆·舒尔菲旗下的公司提供工业技术和创新领域咨询服务。舒尔菲说，中国与其他国家共享先进发展模式，实现经济互补，通过先进技术提高各国民众福祉，“未来人类社会的很多重要时刻将留下中国创新的印记”。

人与自然和谐共生促进绿色发展

面对全球发展难题，中国近年来深入推动生态文明体制改革，创造了举世瞩目的绿色发展奇迹，有力促进了人与自然和谐共生的现代化建设，为世界生态文明发展提供了“中国方案”。全球工商界人士注意到，推动绿色发展，促进人与自然和谐共生，是二十大报告的重要内容。

冰岛极地绿色能源公司研发项目经理秦美婷说，公司对中国的地热产业相当看好。该公司与中方成立的合资公司已成为全球最大地热公司之一，为中国多个城市提供可再生能源供暖服务。

全球知名温室气体排放监测技术企业绿证公司董事长西奥多·文纳斯对中国充分利用市场机制推动绿色发展的努力印象深刻，特别是建立全国碳市场，认为这将成为实现全球碳中和的关键驱动力。

欧洲软件企业思爱普全球执行副总裁、大中华区总裁黄陈宏表示，中国的绿色发展必将深刻改变全球能源、环境和经济格局。“中国企业正在利用数字化技术，实现碳排放数据透明化和可量化，推动绿色和商业平衡发展。”

利己达人，中国绿色发展的积极效用远播海外。“近十年，中国在使用替代能源、防治荒漠化、植树造林和净化水域等方面都值得全世界学习，中国为全球绿色经济转型和节能减排作出了巨大贡献。”委内瑞拉环境电视台总裁维克托·卡里略在看了二十大报告的有关报道后说，许多拉美国家使用中国太阳能电池板，很好地解决了偏远地区供电和环境保护的问题。

英国皇家国际问题研究所环境与社会部高级研究员郭江汶表示，中国在可再生能源发电、电动汽车、减排及生态修复等方面取得显著进展，正朝着人与自然和谐共生的方向迈进。作为世界上最大的发展中国家，中国低碳转型的进展将显著加速全球绿色转型。

“绿色发展并不是一个替补选项，而是可持续发展的必由之路。”埃及开罗大学经济与金融法教授瓦利德·贾巴拉说。“埃及与中国始终在绿色发展领域进行有效合作，这其中包括中国企业正在埃及承建的轻轨。在太阳能发电领域，中国为协助埃及开发可再生能源作出了巨大努力。”

（新华社北京 2022 年 10 月 19 日电）

企业实践案例

创新为锚深耕当地化发展
海尔生物医疗以绿色科技走稳出海之路

中国式现代化，是人与自然和谐共生的现代化。尊重自然、顺应自然、保护自然，是全面建设社会主义现代化国家的内在要求。踏上全面建设社会主义现代化国家新征程，必须牢固树立和践行绿水青山就是金山银山的理念，站在人与自然和谐共生的高度谋发展。

近年来，随着贸易自由化、经济全球化加速，在“双循环”新发展格局下，中国医疗器械企业加速出海拓展步伐。在中国企业扬帆海外的过程中，绿色正成为新的关键词，而绿色装备技术的创新，也正是海尔生物医疗等具有国际化视野的品牌，持续提升海外竞争力的底气。海尔生物医疗以创新为锚深耕当地化，加速绿色科技创新及产业化应用，走出了一条颇具特色的高质量出海之路，在复杂多变的国际市场上行稳致远。

立足用户需求本土化创新，国际竞争力持续提升

围绕用户需求进行创新，已成为海尔生物医疗刻在成长基因里的本能。作为基于物联网转型的生命科学与医疗创新数字化场景方案服务商，海尔生物医疗在出海布局中，海尔生物医疗从广泛的海外用户需求出发，加速创新研发，已由具有领先优势的超低温存储产品向涵盖液氮系列、生物安全系列、生物培养系列等多品类综合方案的升级进一步深化；同时，在欧洲、美洲、南亚等地区加快推进当地化销售、营销、物流和仓储建设进程，提升本土化快速洞察和响应用户需求能力，国际市场竞争力不断提升。

海尔生物医疗围绕海外用户需求不断创新，深受当地市场认可。海尔生物医疗全球创新出 -150℃物联碳氢深低温冰箱，可适用 10℃ -32℃宽环温应用环境，并可省电 30%，节能环保和稳定高效兼具，一经上市就赢得了环保要求严苛的欧洲市场认可。自研的生物安全柜产品在获得欧洲 CE 和 EN 认证、美国 NSF 认证后，海外销量也持续提升。超低温冰箱则继服务大英生物样本库、丹麦哥本哈根医疗机构、意大利公立医院后，又接连入驻美国食品药品监督管理局 (FDA)、美国国立卫生研究院 (NIH)、艾伯森集团、圣路易斯华盛顿

大学、英国国家动物学生物样本库 CryoArks，在欧美高端市场上地位更加稳固。

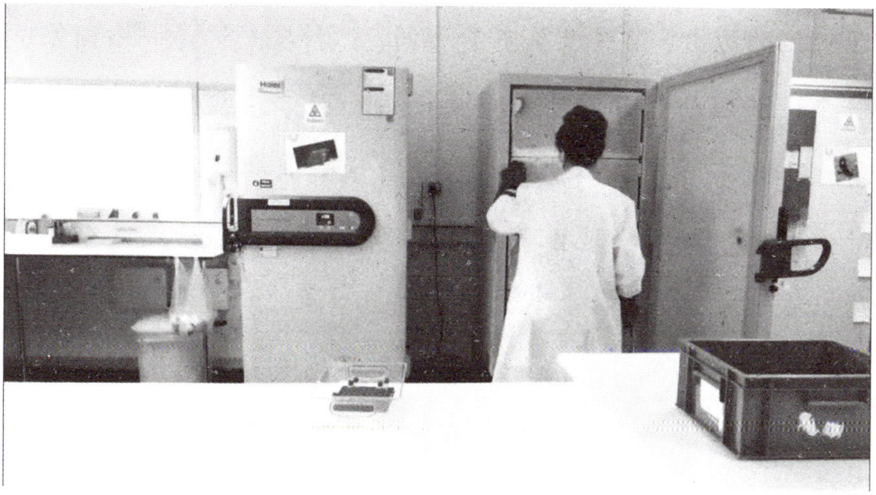

★ 海尔生物医疗超低温冰箱入驻英国国家动物学生物样本库

在用户覆盖度上，海尔生物医疗深入推进“网络 + 当地化”布局，全球化网络布局不断深化。截至 2022 年底，海尔生物医疗海外网络超 700 家，并与世界卫生组织（WHO）、联合国儿童基金会（UNICEF）等 40 余个全球性国际组织建立了合作关系，产品及解决方案应用于全球 130 余个国家和地区。与此同时，为及时感知用户需求，海尔生物医疗还在迪拜、尼日利亚、新加坡等地建立了体验和培训中心，用户粘性和当地影响力持续增强。正基于此，海尔生物医疗在海外市场连续 3 年保持良好增长态势。

以绿色科技护全球生命健康，践行中国企业担当

科技立则民族立，科技强则国家强。纵观世界各国走向现代化的历史，虽然道路不尽相同，但科技始终是一个国家、一个民族迈向繁荣发展的重要动力和引擎。在可持续发展的时代主题下，海尔生物医疗通过自主创新的绿色低碳技术及场景方案，助力当地医疗卫生服务能力建设，为促进全球健康，贡献中国方案。

海尔生物医疗为海外市场带来更稳定可靠、绿色节能的超低温存储场景方案，其中首创的节能芯系列超低温冰箱，

★ 海尔生物医疗太阳能疫苗冰箱为埃塞儿童筑起防护

搭载碳氢制冷系统，在制冷效率上提高30%，推动超低温冰箱行业节约能源50%，且完全无氟设计，对臭氧层0破坏。

聚焦世界欠发达国家和地区因缺电问题导致的基础免疫缺失难题，海尔生物医疗开创零碳的太阳能直驱制冷技术系列疫苗冰箱，仅用1/3蓄冷材料即可实现国外品牌1.6倍的保温效率；无蓄电池的绿色设计，让产品寿命由原来的5年延长到10年以上。更重要的是，即使在43℃环境温度下断电后，箱内温度保持在8℃以下的时间也能长达120小时，远超过世界卫生组织对维持冷藏温度72小时的规定。目前，该方案已在“一带一路”倡议沿线的78个国家和地区应用，每年服务全球4500万适龄儿童，方案运行时每年可降碳10.95万吨，不仅助力缩小全球“免疫鸿沟”，也有力保护了当地生态环境。

不仅如此，海尔生物医疗还与巴斯德研究所、世界卫生组织等，共创太阳能实验室、太阳能冷库、太阳能诊所等绿色方案，助力欠发达国家和地区医疗卫生基础设施建设，促进全球医疗卫生健康服务的公平可及。此外，面对海外疫情，海尔生物医疗还与联合国儿童基金会、各国政府、社会组织等开展合作，积极响应COVAX、CCEOP等国际行动，以专业化的低温冷链设备和智能化存储转运场景方案，助力各国政府推进新冠疫苗冷链建设，加快构筑安全免疫屏障。

当前，全球医疗器械产业格局正迎来重塑。加快构建以国内大循环为主体、国内国际双循环相互促进的新发展格局，这是以习近平同志为核心的党中央科学应对百年变局、重塑竞争格局、开拓发展新局的战略部署，是对我国全面建成小康社会、实现第一个百年奋斗目标后，乘势而上开启全面建设社会主义现代化国家新征程、向第二个百年奋斗目标进军的方向性指引。

“双循环”发展格局概念提出后，如何切实做到学深悟透做实笃行，是摆在我们面前的一项重要课题。以创新为锚，“出海”成为众多中国医疗器械企业开启第二增长曲线的破局点。未来，海尔生物医疗将持续聚焦用户体验与本地化建设，以优秀的中国方案参与到人类卫生健康共同体构建，让生命更美好。

11. 各国专家政要眼中的中国式现代化

巴西知名中国问题专家埃万德罗·卡瓦略：“中国成功开辟了一条中国式现代化道路”

“中国成功开辟了一条中国式现代化道路。未来，中国将不断推动构建人类命运共同体，引领人类迈向历史新阶段。”巴西瓦加斯基金会法学教授、知名中国问题专家埃万德罗·卡瓦略日前在接受新华社记者专访时说。

卡瓦略曾在中国上海留学和工作，返回巴西后，他积极参与巴中人文交流，在瓦加斯基金会法学院设立中国问题研究中心。

他认为，中国注意学习借鉴其他国家的先进经验，同时没有放弃本国的文化财富和民族智慧。中国的现代化道路有其鲜明特点，更具包容性。西方国家企图通过全球化来推行它们的价值观，无视其他国家人民在价值观、生活习惯等方面的差异，这是殖民思维。而中国奉行求同存异的理念，这在中国领导人提出的构建人类命运共同体理念中有很好的体现。

卡瓦略说，人类命运共同体理念强调尊重各国人民的不同特点，尊重各国人民的权利，从社会、政治和经济角度找到最适合自身发展的方式。

他认为，多个因素促成中国经济持续稳定发展，包括实行改革开放、推行科学治理和注重任人唯贤等。“中国政府根据统计数据等客观依据制定政策，从而保证了决策的有效性。同时，中国制定并执行长期发展规划，这一点是西方国家难以做到的。”卡瓦略说。

作为长期研究中国发展的学者，卡瓦略很关注中国促进全体人民共同富裕。他说，很多西方国家失业率高企，很多人挣扎在社会边缘，无法得到相应的卫生、教育和安全保障，这些国家并没有实现人民的共同富裕。实现共同富裕是中国共产党和中国政府对人民作出的庄严承诺，即通过促进共同富裕，让所有人都能够从国家经济发展中获益。

卡瓦略还认为，中国提出的共建“一带一路”倡议有力推动了国际经济关系发展。它根据沿线各国的自身条件鼓励基础设施建设，不仅促进贸易，还增进各国人员之间的交流，真正推动了沿线国家的互联互通。

他说，中国推动共建人类命运共同体，“一带一路”倡议将是其重要助力。从长远来看，这种东方式的发展观有助于建设一个更加和平、繁荣的世界。

卡瓦略表示，中国历经全面发展，必将成为一个更为强大、繁荣的国家。

（新华社里约热内卢 2021 年 10 月 23 日电　新华社记者陈威华、赵焱）

越南社会科学院中国研究所所长阮春强：中国式现代化为他国发展提供借鉴

越南社会科学院中国研究所所长阮春强日前在接受新华社记者书面专访时表示，中国已经完成脱贫攻坚、全面建成小康社会的历史任务，实现第一个百年奋斗目标，正在全面建设社会主义现代化国家，以中国式现代化全面推进中华民族伟大复兴。中国式现代化取得的发展成就给中国人民带来了巨大福祉，中国发展繁荣为其他国家进行经济决策、实现发展繁荣提供重要借鉴。

2000 至 2003 年，阮春强曾在广东中山大学留学，主要研究方向为中国政治与越中关系，见证了中国城乡发展，还曾参与《习近平谈治国理政》第一卷越南文版的翻译工作。

阮春强表示，100多年来，中国共产党已发展为世界最大政党，中国共产党执政取得巨大成就，在全球范围内不断增强影响力，中国成为国际体系中的重要力量。中国发展有利于世界多极化进程，对世界人民都具有重要意义。中国为世界上其他国家发展繁荣提供重要借鉴。

阮春强说，中国共产党领导中国从一个落后的农业国发展成为全球第二大经济体，特别是如期打赢脱贫攻坚战，这是中国共产党取得的巨大成就之一。中国现在是推动全球经济增长的重要引擎。

阮春强表示，过去十年，中国共产党将马克思主义同中国实际相结合，不断对实践进行总结，进行理论创新，又用理论去指导新的实践，得到中国人民的广泛拥护支持。

阮春强认为，中国共产党的领导是中国发展取得巨大成就的关键。当前，中国共产党、中国政府和中国人民正坚定不移地积极推进中国式现代化建设。越南作为社会主义国家和中国近邻，借鉴了中共建党治国的宝贵经验。

（新华社河内2022年10月27日电　新华社记者孙一、陶军）

日本公明党党首山口那津男：相信中国式现代化将不断增进人民福祉

日本执政联盟的公明党党首山口那津男日前接受新华社记者专访时表示，中国共产党肩负为人民谋幸福的重任，秉持自我革命的精神，相信中国式现代化建设将不断增进人民的福祉。

山口那津男高度评价中国过去10年来取得的巨大发展成就。他表示，在中国共产党领导下，中国经济不断发展。

谈到中共二十大报告强调的中国式现代化，山口那津男表示，一直以来，中国都在用长远眼光确立未来的发展目标并为之不断努力，相信中国式现代化建设将不断增进人民的福祉。公明党非常关注中国式现代化的建设进程。

山口那津男说，日中两国虽然在政治制度上存在差异，但应在相互尊重的基础上，从全人类共同价值出发，携手努力，实现民众幸福、睦邻友好、追求繁荣的目标。

在谈到对未来中日关系的期待时，山口那津男表示，双方应积极主动为维护日中良好关系而努力，积极开展对话交流，不断加强互信，维护并发展友好、稳定和建设性的关系。此外，双方还应共同努力，维护世界的和平与稳定。

山口那津男期待未来能巩固和加强公明党与中国共产党

长期形成的友好关系，进一步推进日中两国合作。

（新华社东京2022年10月28日电　新华社记者郭丹、沈红辉、李光正）

泰国国会主席兼下议院议长川·立派：中国式现代化道路鼓舞广大发展中国家

泰国国会主席兼下议院议长川·立派日前接受新华社记者专访时表示，中国式现代化道路是中国共产党的独特创举，中国共产党带领14亿多中国人民走向现代化为广大发展中国家带来鼓舞。

川·立派说，中国式现代化基于中国国情，“没有人比中国人更了解自己的国家，中国走出了一条遵循自身发展规律、解决实际问题的发展道路。这是中国共产党的独特创举”。

川·立派现年84岁，曾于1992年至1995年、1997年至2001年两度担任泰国总理。他多次访问中国，既去过城市也到过乡村，中国经济发展和社会变化给他留下了深刻印象。

川·立派说，过去十年间，中国持续创造经济发展奇迹，实现了消除绝对贫困、建立了现代化交通系统等，“毫无疑问，中国是全世界经济发展最快的国家之一”。

川·立派高度关注中国共产党第二十次全国代表大会。他表示，中共二十大为中国未来发展制定了新蓝图，期待不断看到中国共产党带领中国人民走向共同富裕的具体措施，这会给其他国家提供可借鉴的思路和经验。

川·立派对二十大报告强调推动构建人类命运共同体表示赞赏。在他看来，当今世界任何一个国家都无法独自生存，各国必须以公平、公正为基础来展开合作，以创造更好的未来。

今年是中泰建交47周年，也是中泰建立全面战略合作伙伴关系10周年。川·立派非常高兴看到两国关系不断深化，他表示，新冠疫情暴发后，中国向泰国提供了疫苗和抗疫物资，危难时刻中国人民为泰国人民提供真诚帮助，泰国人民始终铭记在心。

（新华社曼谷2022年11月1日电　新华社记者宋宇、林昊、郭鑫惠参与记者：任芊）

英国48家集团俱乐部副主席基思·贝内特：中国式现代化与西方现代化有“本质区别”

“对我而言，中国共产党的二十大报告更像是一本百科全书。它介绍了中国十年来的变化、中国的现状、未来的发展方向、中国的世界地位以及中国将为世界作出什么贡献，具有重大意义。”英国48家集团俱乐部副主席基思·贝内特日前在伦敦接受新华社记者专访时说。

长期关注中国发展的贝内特日前在中国驻英国大使馆参加“中国新征程，世界新机遇”座谈会。他会后接受记者采访时说，中共二十大对中国乃至世界而言是极其重要的政治事件，二十大报告是“非常伟大的、科学的”，将指导中国今后五年乃至更长时期的工作，其指导意义将延续到2035年、甚至到2049年中华人民共和国成立100周年时。

“中国式现代化是人口规模巨大的现代化、全体人民共同富裕的现代化、物质文明和精神文明相协调的现代化、人与自然和谐共生的现代化……”贝内特对中国式现代化的特点脱口而出。他说：“所有这些都意味着中国的现代化反映了世界现代化理论的发展，反映了中国的智慧、文明和历史，也反映出马克思主义在中国的应用和发展。”

谈及中国式现代化和西方国家现代化的不同之处时，贝内特说，历史上，一些西方国家的现代化建立在对他国剥削、压迫和殖民的基础上。中国的发展不是通过剥削他国，中国通过发展自己实现现代化，同时帮助他国发展。“这是本质区别。”

他还认为，与西方国家现代化加大贫富差距不同的是，中国式现代化强调共同富裕；西方国家现代化以牺牲自然环境为代价，而中国想要推进人与自然和谐共生的现代化。

贝内特相信，中国解决人民日益增长的美好生活需要和不平衡不充分的发展之间的矛盾以及实现共同富裕的办法，将为其他国家带来宝贵经验，让发展中国家和发达国家均从中受益。

“在资本主义社会中，人们出现了心理健康危机和反社会行为等。”贝内特表示，与之不同，中国式现代化既注重物质文明，也注重人们的情感和精神福祉。

贝内特还对二十大报告中所提“开辟马克思主义中国化时代化新境界”深有感触。他认为，将马克思主义运用到中国实际中并在此过程中发展马克思主义，有助于针对当前所面临的问题提出更现代的解决方案。

贝内特注意到，二十大报告中提及将马克思主义基本原理同“中华优秀传统文化相结合”。他表示，中华文明是世界上唯一没有中断且发展至今的古老文明，中国的文明和文化体现了如此多的人类智慧，中国传统文化中许多内容非常符合马克思主义基本原理，两者应该相互融合。

贝内特表示，当今世界远非安宁，世界面临迫在眉睫的气候变化和大流行病的威胁，解决这些问题需要合作。在他看来，中国是当今世界唯一认真应对全球问题和挑战的大国。

无论是发展、减贫还是气候变化，中国都在认真应对，提出一系列深思熟虑的想法和实际的建议。例如“一带一路”倡议就得到了大多数国家的认可与支持。

（新华社伦敦2022年11月4日电　新华社记者杜鹃、许凤）

玻利维亚前总统莫拉莱斯：中国式现代化为世界和平发展作出重要贡献

玻利维亚前总统莫拉莱斯日前强调，中国式现代化的成果为世界所共享，为世界和平以及更好、更均衡的发展作出了重要贡献。

莫拉莱斯在阿根廷首都布宜诺斯艾利斯出席会议期间接受新华社记者专访。他表示，从国际社会的角度来看，中国式现代化的发展成果能为世界各国所共享，原因是中国一直坚持并弘扬多边主义。“以玻利维亚为例，中国通过投资和我们分享其现代化成果，没有不公平的附加条件，这是真正的共享。”

他认为，西方资本主义国家的现代化存在着一系列问题。首先是严重的贫富分化，财富集中在极少数人手中，极大影响了社会公平；其次，资本主义国家并不尊重真正的平等和多样性。“现代化绝不仅意味着工业化或资本积累。当今世界更应该注重的是以人为本，实现更加公平的现代化。”

莫拉莱斯2006年至2019年担任玻利维亚总统，其间曾多次访华，亲眼见证了中国式现代化进程。他表示，现代化意味着更加平等和均衡的发展，而要实现这样的现代化，最基础的一环就是要为全体人民提供基本公共服务。在这个意义上，中国式现代化做到了。

莫拉莱斯认为，中国式现代化惠及世界还体现在中国始终以合作共赢为目标发展国际关系。“玻利维亚拥有丰富的矿产资源，希望未来能把我们更多的产品出口到中国市场。现在也有很多中国企业在玻利维亚承建基础设施，用中国的技术和经验为我们提供优质服务。玻中两国是实打实的战略伙伴。”

（新华社布宜诺斯艾利斯2022年11月9日电　新华社记者王钟毅）

12. 中国式现代化的每一步跨越都将产生世界性影响

初春三月，党的二十大后的首次全国两会召开，对全面建设社会主义现代化国家开局起步之年的工作进行安排部署。

中国式现代化，是这次两会上的高频热词，也是国际社会的聚焦重点。透过两会这个重要窗口，国际社会看到，中国人民正朝着以中国式现代化全面推进中华民族伟大复兴的宏伟目标，共同奔赴充满光荣和梦想的远征。新的征程，也为世界带来新启迪、新机遇、新福祉。

“这是前所未有的伟大发展模式”

“中国发生令人难以置信的发展变化” “农民有了更好

的生活条件和务农环境”“高铁拥有令人惊讶的速度，给人带来舒适的乘坐体验”……今年两会期间，英国48家集团俱乐部主席斯蒂芬·佩里对记者讲述他对近年来中国式现代化建设的印象。

2022年，党的二十大擘画了以中国式现代化全面推进中华民族伟大复兴的宏伟蓝图。通过今年两会，国际社会对中国式现代化有了更深刻的理解。

佩里注意到，中国式现代化不仅是经济的现代化，同时也重视人们的生活环境、社会价值。中国政府在推进现代化建设中制定长期规划，听取百姓声音，注重和谐发展。

通过对中国多年的观察和研究，俄罗斯科学院中国与现代亚洲研究所副所长谢尔盖·乌亚纳耶夫指出，中国共产党在国家现代化建设过程中发挥着坚强领导作用，出台一系列政策举措，这对于中国应对挑战、实现长远发展非常重要。“中国式现代化是建立在科学基础上的发展方略。”乌亚纳耶夫说。

中国式现代化是全体人民共同富裕的现代化，坚持人民至上给各国观察人士留下深刻印象。在泰国泰中文化经济协会会长、前国会主席、前副总理颇钦·蓬拉军看来，关注人民福祉是中国式现代化的一大显著特征。“中国在减贫、推动欠发达地区发展方面取得卓越成绩，人民生活水平得到显著改善，”颇钦说，“这是前所未有的伟大发展模式，致力于让所有人都过上好日子。”

多次到访中国的约旦作家萨米尔·艾哈迈德近年来一直用手中的笔记录中国发展的脚步。透过今年中国全国两会，艾哈迈德加深了对中国式现代化的认知：这是全面的现代化，不仅涉及经济领域，而且全面贯彻新发展理念，以创新、协调、绿色、开放、共享的方式推动发展。

“中国式现代化充分考虑了自身国情和发展经验，没有照搬西方的现代化道路。中国式现代化不是封闭的，而是在实践中不断丰富、发展。”这位中国问题专家由衷感叹。

今年两会上，习近平总书记在参加十四届全国人大一次会议江苏代表团审议时强调，牢牢把握高质量发展这个首要任务。习近平总书记的重要讲话为全面贯彻落实党的二十大精神、以高质量发展扎实推进中国式现代化指明方向。

“2019年访问中国期间，我前往内蒙古库布齐沙漠考察。30年前，这里的植被覆盖率非常低。遇到强风后，沙子可以一夜之间被刮到很远的地方。如今，得益于植树造林计划，这片荒芜之地已变得郁郁葱葱，为沙尘暴的大幅减少作出很大贡献。这里发展起绿色产业，建起了太阳能发电厂。”塞内加尔中国问题专家、《太阳报》前驻华记者阿马杜·迪奥普以自己的所见所闻，阐述对中国式现代化坚持人与自然和谐共生的理解："近年来中国致力于绿色低碳发展，不断加强生态环境保护。中国在现代化建设过程中倡导的高质量发展将不断为世界各国带来启迪和借鉴。"

古巴国际政治研究中心学者爱德华多·雷加拉多同样注意到，近年来中国全面贯彻创新、协调、绿色、开放、共享的新发展理念，在科技发展、生态建设等方面取得积极成果，使广大民众的生活水平持续提高，生活环境得到不断改善。今年两会让他更深入了解中国式现代化的内涵和特点："中国始终坚持人民至上，回应、满足人民需求，现代化建设成果体现在政治、经济、社会等各个领域。"

"对世界现代化发展具有开创意义"

"中国推进中国式现代化建设给很多国家带去积极影响，这些国家非常钦佩中国发展成就。"从事电商业的墨西哥青年安德烈斯·迪亚斯讲起自己的故事。

2019 年，迪亚斯到中国参加全球数字经济人才项目，来到"电商示范村"浙江临安白牛村。过去，当地村民背着核桃走山路到城里售卖，如今，白牛村凭借电商平台精细服务、大数据技术支持和四通八达的物流网络，走出一条独具特色的乡村振兴之路。

迪亚斯已将在白牛村学习的电商经验带回万里外的家乡，在墨西哥开展“数字城镇”项目，他帮老鞋匠网上售卖传统工艺皮鞋，搭建养蜂人技术交流的数字平台，为石匠带货火山石材质的研磨碗……迪亚斯正在将中国式现代化发展中的数字化转型经验源源不断地传播到墨西哥多地。

中国立足本国国情和文化，以高质量发展推进中国式现代化，不断取得举世瞩目的巨大成就。中国式现代化积累的成功经验丰富了世界现代化理论与实践，为各国特别是广大发展中国家探索适合本国国情的发展道路提供了重要启示。

“去年在上海进博会上，我看到中国的机器人、新型汽车，智能化程度之高令人赞叹。中国人日常生活中的即时通信应用、移动支付非常发达。”两次访华的智利合作广播电台制作人法比安·皮萨罗对中国的技术应用水平印象深刻。

皮萨罗说，中国日新月异的科技进步带来“人与人之间的超级链接”，使中国人生活更便利，中国科技发展经验值得各国深入学习。“智利应该从日益深化的智中合作中学习经验。”

“在推进现代化建设过程中，中国发展体现优势和韧性。发展中国家应该学习如何像中国那样依靠自身资源实现可持续发展。”阿尔及利亚《独立青年报》新闻主任卡迈勒·曼萨里说。

委内瑞拉新兴经济体发展高等研究中心学术研究主任路易斯·德尔加罗指出，近年来委内瑞拉政府正学习借鉴中国高质量发展经验。在消除贫困、发展工业和科技、向低碳经济转型等方面，中国式现代化的经验都非常值得其他国家，尤其是发展中国家借鉴。

中国式现代化，打破了“现代化＝西方化”的迷思，展现了现代化的另一幅图景，拓展了发展中国家走向现代化的路径选择，为人类对更好社会制度的探索提供了中国方案。

“中国式现代化对世界的现代化发展具有开创意义，”多次访华的文莱资深媒体人、时政观察家贝仁龙说，“中国推进现代化的举措和成就，让发展中国家意识到，现代化标准不是只能由西方国家制定。中国已向世界证明，立足自身国情和文化传统理念的中国式现代化确实行得通。”

“西方国家在现代化进程中为自身发展不惜牺牲弱小发展中国家的利益。”专注研究中国 25 年的埃及埃中商会秘书长迪亚·赫尔米亲眼见证中国式现代化建设，指出这是走和平发展道路的现代化，推动与其他国家合作共赢，促进文明相互理解和交融。

爱德华多·雷加拉多同样认为，中国式现代化有别于西方资本主义国家的现代化。中国式现代化是造福广大人民群众的现代化，它既基于本国国情，又与外部世界关联，包容性突出。近年来，拉中关系发展迅速，致力于促进合作共赢的中国式现代化建设让许多拉美国家受益。中国式现代化为其他发展中国家迈向现代化提供了新选择、新途径。

“推进现代化过程中促进全球发展”

“正逢中国两会，我们的项目也有喜事。3月4日，老中铁路老挝段迎来客流高峰，单日发送旅客突破1万人次，创下铁路老挝段开通运营以来的最高纪录。”在回答记者关于为何关注中国两会的问题时，来自老中铁路有限公司的冯通·苏潘通脸上满溢笑容。

中老铁路于2021年12月开通运营，是“一带一路”倡议与老挝“变陆锁国为陆联国”战略的对接项目。中老铁路老挝段客货运输量质齐升、超出预期，截至今年2月底累计发送旅客超180万人、货物近290万吨，货物品名从开通初期的100余种拓展到2000余种，有力支持老挝经济社会和中老合作发展。

作为老中铁路有限公司副总工程师，冯通见证了中老铁路的建设和运营，切身感受这一项目为老挝发展注入的澎湃动能。“今年两会，中国政府提出将按照部署扎实推进中国式现代化。未来，中国将继续推动对外开放、高质量共建‘一带一路’，这将为各国创造新的合作机会，也会给我个人带来良好的发展机遇。”

今日之中国，与世界深度融合。国际社会看到，中国式现代化道路越走越宽广，发展自己也惠及世界。

在阿富汗首都喀布尔，当地学者查希尔·贝赫扎德几乎每次经过中国援建的喀布尔大学综合教学楼和礼堂时，都会驻足凝望这栋外观典雅的白色连体建筑，感念阿富汗与中国的深情厚谊。“中国愿意与其他发展中国家分享机遇，让其搭乘中国发展的‘顺风车’。这栋在阿富汗算得上独树一帜的现代化建筑，就是中国推动国际合作共赢的范例。”

“中国为世界带来很多机会。在非洲，很多国家都从中方建设的基础设施项目中受益。”卢旺达能源集团工程师泰奥内斯特·希加尼罗指出：“中国坚持和平发展、不干涉别国内政。在一些西方国家对他国指手画脚时，中国正帮助我们建设工厂、酒店、超市。这是中国在推进现代化过程中促进全球发展的真实写照。”

中国式现代化坚持走和平发展道路，推动构建人类命运共同体。中国式现代化进程，是世界和平、正义、进步力量的壮大，为百年变局下各国破解社会发展难题注入信心力量。

在波兰议会波中友好小组前主席彼得·加齐诺夫斯基看来，中国式现代化吸引国际社会目光的一个重要方面在于，中国在实现自身发展的同时致力于促进合作共赢，与世界共享发展机遇。“作为世界上最大的发展中国家和负责任大国，中国坚持走和平发展道路，捍卫国际公平与正义，提出一系列重要理念、倡议，为维护世界和平与发展贡献力量。”

“得益于中国企业承建的公路项目，许多生活在偏远地区的加纳民众如今可以快速便捷地运输农产品，收入因此增加，生活得到改善，‘中国力量’功不可没。”加纳新闻网总编辑罗杰·阿加纳称赞中国式现代化的积极效应让当地人民获得实实在在的好处。

阿加纳说，中国崇尚以和为贵、和而不同，始终以开放和包容的心态对待合作伙伴，推动构建人类命运共同体，为维护世界和平、促进共同发展贡献重要力量。“期待中国式现代化发展在未来迈向更高水平，相信非洲民众将继续从中获益。”

新西兰商学院院长黄伟雄认为，中国坚持走和平发展道路，弘扬多边主义，积极推动构建人类命运共同体。“中国式现代化是人类社会发展的一项创举，为更多发展中国家独立自主探索适合自己的现代化道路增添了信心。中国式现代化的每一步跨越都将产生世界性影响，将对构建新型国际关系、完善全球治理发挥积极作用，为包括新西兰在内的世界带来更多新机遇。”

（新华社北京 2023 年 3 月 9 日电　综合新华社驻外记者报道，执笔记者：何梦舒、刘学、汤洁峰、张远、丁莹）